MALICORNE

D0995624

Évolution stellaire et Nucléosynthèse
Gordon and Breach / Dunod, 1968

Soleil
en collaboration avec J. Véry,
E. Dauphin-Lemierre et les enfants d'un CES
La Nacelle, Genève, 1992

Patience dans l'azur
Seuil, coll. « Science Ouverte », 1981
et coll. « Points Sciences », 1988 (nouvelle édition)

Poussières d'étoiles
Seuil, coll. « Science Ouverte », 1984 (album illustré)
et coll. « Points Sciences », 1994 (nouvelle édition)

L'Heure de s'enivrer
Seuil, coll. « Science Ouverte », 1986
et coll. « Points Sciences », 1992

Compagnons de voyage
en collaboration avec J. Obrénovitch
Seuil, 1992

Comme un cri du cœur
Ouvrage collectif
L'Essentiel, Montréal, 1992

Dernières Nouvelles du cosmos
Seuil, coll. « Science Ouverte », 1994

La Première Seconde
Seuil, coll. « Science Ouverte », 1995

L'espace prend la forme de mon regard
Éditions Myriam Solal, 1995

Hubert Reeves

MALICORNE

RÉFLEXIONS D'UN OBSERVATEUR
DE LA NATURE

Éditions du Seuil

La première édition de cet ouvrage a été publiée
dans la collection « Science Ouverte »

ISBN 2-02-020625-0
(ISBN 2-02-012416-5, 1re publication brochée)
(ISBN 2-02-012644-3, 1re publication reliée)

© Éditions du Seuil, novembre 1990

à ceux qui sont épris
de science
et de poésie

Table

première partie

Reflets de lumière
Science et poésie

deuxième partie

Papillons au-dessus
d'un champ de colza
Science et liberté

troisième partie

Du point de vue
du rayonnement fossile

Appendices 185

Matin de juin à Malicorne

Un grand ballet de pollens se donne dans l'air bleuté quand, de la main, je cache le Soleil matinal. De minuscules touffes blanches émergent de l'ombre, glissent lentement sur les couches d'air, s'illuminent un instant avant de retourner dans le sous-bois où elles se redessinent en sombre. Chaque touffe porte une graine, précieux colis, formidable banque d'information à déposer quelque part dans la campagne, pour que fleurissent de nouveaux printemps.

A mes pieds, un ruisseau coule. De grands aulnes allongent au bord de son lit leurs racines noueuses où l'eau se faufile et s'agite. Les rayons du Soleil argentent les remous que ces obstacles imposent aux mouvements du liquide. Des dessins moirés oscillent et brillent en minces bandes lumineuses. Une libellule au bleu de bronze métallisé y circule, bruyante.

Aulnes, faisceaux de troncs émergeant d'un fouillis de racines à moitié immergées, branches alourdies inclinées en ponts multiples sur le lit du ruisseau, quel plaisir de vous regarder quand, de l'ombre projetée, sortent des cercles argentés à la surface de l'eau. On entend le chant inlassable et triste d'une tourterelle.

Ciel miré dans l'eau, reflet mouvant du bleu parmi les ramures qui se balancent mollement, j'aime ce paysage. Le mouvement de mes pas me dirige régulièrement vers les ruisseaux ombragés qui courent au fond des vallées. Je m'assois sur un tronc d'arbre. Pour garder le souvenir évanescent de ces moments sublimes, je les enregistre sur un dictaphone. Les lignes qui pré-

15

cèdent ont fixé dans ma mémoire la splendeur d'un matin de juin, au bord du Branlin.

Malicorne est un petit village de Puisaye, le pays de Colette, situé au nord de la Bourgogne. Dans cette campagne grasse, verdoyante, légèrement vallonnée, on peut marcher des heures sans rencontrer une seule voiture. C'est un lieu où il faut enlever sa montre et s'insérer dans le rythme de la nature dont la vie moderne nous coupe si cruellement. Les saisons s'y manifestent. L'odeur des fleurs d'acacias ou de tilleuls y marque le printemps et l'apparition des mauves colchiques dans les prés humides nous annonce, mine de rien, que l'automne est déjà là.

Ce livre est né de mes promenades dans cette campagne. Il s'est fait un peu tout seul. Comme à mon insu. J'en ai été plus le spectateur que l'auteur. Je le dois aux traînées de lumière dorée sur le tapis luisant des pervenches dans la pénombre du sous-bois.

Là, une grande paix m'envahit. Attentif aux sons et aux odeurs, je m'éveille à la présence tranquille du monde végétal. Je me sens vivant, à la surface de la planète Terre, à l'instant présent de l'évolution de l'univers.

Au long de ces promenades, des images me viennent à l'esprit, entraînant des propos qui maturent depuis longtemps dans les profondeurs intérieures. Dans la sérénité du lieu, ils jaillissent au niveau de ma conscience. Il s'agit parfois d'un simple énoncé plus ou moins lapidaire. A d'autres moments un torrent de mots se précipite et s'écoule, intarissable. Je les dicte en vrac à mon fidèle magnétophone. De retour à la maison, je transcris le tout dans un cahier. Depuis plusieurs années, j'ai accumulé des centaines de pages.

Que faire de tout ce matériel ? J'ai d'abord pensé publier sans altération les pages de ce cahier. Comme on livre un journal. Mais j'ai bientôt renoncé à cette formule. L'ensemble donnait une image de confusion et d'incohérence difficilement acceptable. Pourtant l'idée d'en extraire un texte charpenté paraissait peu compatible avec le désir de conserver à ces pages leur dimension personnelle et subjective.

16

J'ai adopté une solution intermédiaire. J'ai répertorié, comme autant de préoccupations obsessionnelles, les thèmes qui reviennent le plus fréquemment. Puis j'ai regroupé les textes qui, de près ou de loin, se rattachent à ces thèmes. Espérant conserver une spontanéité proche du contexte dans lequel ces réflexions ont été élaborées, je n'ai pas cherché à éviter les ambiguïtés et les redites. Surtout je n'ai pas voulu faire de la « philosophie », au sens traditionnel du terme. Je me méfie de la cohérence des pensées globalisantes et de la logique des « systèmes du monde ». Chacun de nous essaie de penser sa propre existence et sa propre destinée. Il se pourrait que, pour certains, ces réflexions prennent valeur de témoignage et d'inspiration. Du moins tel est mon espoir en écrivant ce livre.

Maintenant que ce travail est terminé, je peux plus aisément le décrire. En filigrane, il y a, tout au long de ces pages, la question des rapports entre la science et la culture ; entre ce qu'on *sait* et ce qu'on *fait*. Je me suis demandé en quoi les connaissances nouvelles sont-elles susceptibles d'affecter le regard que nous portons sur notre activité humaine. Les chapitres du livre portent successivement sur les relations entre la science et la poésie, la science et la liberté, la science et la création artistique, la science et l'activité juridique, la science et la religion.

Cette préoccupation, bien sûr, n'est pas nouvelle. Avec le progrès des connaissances scientifiques, la vision du monde évolue. La révolution culturelle de la Renaissance, par exemple, est associée à l'observation des planètes au télescope. La Terre cesse d'être le centre du cosmos. On prend conscience de l'immensité de l'univers et cela affecte tous les modes de la pensée et de l'activité humaine. L'impact s'en fait sentir jusqu'au niveau de la vie quotidienne. *La Vie de Galilée*, de Bertolt Brecht, nous en donne une dramatisation éloquente.

C'est l'observation des galaxies, au début du XXᵉ siècle, qui a amené la découverte la plus importante de la science contemporaine : notre univers a une histoire ! Dans *Patience dans l'azur*, j'ai présenté les faits et les arguments qui justifient cette nouvelle vision du monde.

Pour reprendre l'expression de Jean-Marc Lévy-Leblond, il y a perpétuellement à « mettre la science en culture ». En quoi la vision d'un univers historique affecte-t-elle nos modes de penser et d'agir ? Il ne s'agit pas ici de chercher des « explications » réductionnistes de nos activités humaines. La jurisprudence, la création artistique et l'exaltation mystique existent, chacune de son plein droit, et ne requièrent aucune justification scientifique. Plus modestement on peut espérer que, en les réinsérant dans l'histoire à laquelle elles appartiennent, on arrive à projeter sur ces activités un éclairage nouveau.

Le thème de « réconciliation » sera présent tout au long de ces pages. Dans la première partie : *Reflets de lumière*, nous verrons comment la vision scientifique et la vision poétique, loin de s'exclure, se rejoignent pour nous faire percevoir le monde dans sa véritable richesse.

L'évolution de la pensée scientifique au sujet de la « liberté » et de la « créativité » est décrite dans la deuxième partie intitulée : *Papillons au-dessus d'un champ de colza*. Grâce aux progrès des mathématiques et de l'astronomie, nous pouvons maintenant intégrer ces notions dans le cadre de la pensée scientifique.

La troisième partie regroupe des réflexions sur diverses activités humaines. La création artistique, la législation et la fonction religieuse prennent des connotations nouvelles lorsqu'on les soumet à l'éclairage de nos connaissances contemporaines. L'expression « du point de vue de Sirius », utilisée quelquefois dans des contextes semblables, est transformée, pour la circonstance, en : « *Du point de vue du rayonnement fossile* ». A l'échelle qui nous intéresse, Sirius n'est pas assez éloigné...

Tout au long de ces pages, nous parlerons de *jeux*. Nous analyserons le rôle des jeux dans l'élaboration de la complexité cosmique. En parallèle, nous essayerons de délimiter les conditions requises pour l'avènement des *espaces de liberté* où ces jeux peuvent se jouer, aussi bien au sein du cosmos que dans l'être humain.

18

A plusieurs reprises, ces réflexions nous ramèneront vers un domaine privilégié : *l'aire de jeu*, où le petit enfant tente d'affronter le monde extérieur. C'est le psychanalyste anglais D.W. Winnicott qui a mis en évidence l'importance capitale de ce lieu par rapport aux différentes activités de la psyché humaine. Chacune d'elles y puise, à sa façon, sa motivation et son dynamisme. En les étudiant à partir de ce lieu, on peut entrevoir à la fois leurs unités profondes et leurs différences spécifiques. Leurs conflits séculaires et leurs apparentes contradictions y trouvent des ébauches de solutions.

Le titre du livre veut rappeler qu'il ne s'agit pas ici de thèses structurées et cohérentes mais plutôt d'impressions personnelles, motivées par des spectacles tout simples : les reflets de la lumière solaire sur un arbre, les sous-bois fleuris aux premiers rayons chauds du soleil printanier, un vol de papillons, un clocher, une cheminée dans la campagne. En situant ces réflexions dans un cadre champêtre, j'ai voulu me donner à moi-même un « espace de liberté » — une aire de jeu ! —, d'où je peux m'aventurer sur des terrains mal consolidés, comme on peut le faire entre amis.

Par-dessus tout, j'ai tenu à garder à ces réflexions leur caractère subjectif. Comme n'importe quel être humain, je suis inclus dans cette réalité que je décris. Aux prises avec les problèmes et les conflits de la vie humaine, je réagis avec ma sensibilité et mon émotivité. On en trouvera des traces tout au long de ces pages.

Un mot sur le vocabulaire. J'emploie assez indifféremment les mots « nature », « réalité » et « univers ». De surcroît, j'ai une fâcheuse tendance à personnaliser ces entités. J'aurais aimé que, comme les gadgets de Pif, l'éditeur distribue avec le livre un sac de guillemets. Le lecteur aurait été invité à les disposer, à son gré, là où il en aurait senti le besoin. S'il convient de ne pas prendre trop au sérieux le langage anthropomorphique, on doit reconnaître qu'il est éminemment utile sur le plan de la pédagogie...

***

A Malicorne, nous vivons parmi les grands arbres d'une vieille ferme bourguignonne. J'adore planter des arbres, en particulier ceux qui ont une grande longévité : cèdres du Liban, cèdres de l'Himalaya, métaséquoias du Setchuan, chênes rouges, châtaigniers. J'ai semé des séquoias qui ont maintenant plus de trois mètres de hauteur. Dans notre jargon malicornien cet ensemble d'arbres s'appelle la « forêt millénaire ».

Être responsable de ces arbres qui me survivront longtemps me plaît infiniment. (Je sortirai de ma tombe si quelqu'un s'avise de les couper.)

Je leur rends visite. Leur intense présence me parle et m'inspire. J'ai plaisir à reconnaître leur contribution aux réflexions présentées dans ce livre.

première partie

Reflets de lumière

science et poésie

1. L'empire des nombres

Un grand ciel bleu vif met en relief les pastels et les fauves du feuillage d'automne. Parmi les sombres conifères et les érables écarlates, les trembles agitent leurs feuilles luisantes au gré du vent matinal. Mouvements rapides, oscillations rythmées, comme un scintillement de reflets argentés sur la mer.

Encadré par les troncs blancs, ce frémissement ou plutôt ce fourmillement de lumières vives procure à l'œil une sensation de plénitude et de perfection. Tout ici prend sa juste place.

L'esprit humain ne se contente pas d'admirer. Il veut aussi comprendre. Aujourd'hui, après deux mille ans de recherches scientifiques, nous avons appris beaucoup. Nous savons pourquoi le ciel est bleu ou vert ou rose, et pourquoi le feuillage change de couleur. Nous connaissons les lois qui régissent le balancement gracieux des feuilles au bout de leur pétiole. Nous sommes en mesure de calculer le nombre de photons que ces frondaisons reflètent vers nos yeux émerveillés.

Mais la magie de ce spectacle n'est-elle pas menacée par la perfection de ces explications ? La poésie a-t-elle encore quelque chose à dire quand la science est passée par là ? Le charme indicible de ce matin d'automne résiste-t-il à l'analyse des mécanismes délicats que l'œil inexorable du chercheur a su y détecter ?

Cette interrogation revient régulièrement dans les questions à la fin de mes conférences. Elle manifeste une préoccupation très présente chez nos contemporains. Si je l'aborde dans ces pages, c'est aussi parce qu'au carrefour de mes goûts naturels pour la science et la poésie, je me la suis souvent posée.

Coucher de soleil sur le Pacifique

Mon premier souvenir à ce sujet remonte à l'âge de dix-huit ans. Je me trouvais alors sur la côte ouest du Canada, pour un stage d'été au Dominion Astrophysical Observatory.

Le soir, j'allais régulièrement voir le Soleil se coucher sur l'océan. L'événement que je vais conter eut lieu à l'occasion d'un crépuscule particulièrement somptueux dont la moindre teinte, après quarante ans, est encore gravée dans ma mémoire.

Au loin, les sommets enneigés des montagnes côtières passent lentement du blanc au rose. Reflétées sur les eaux calmes de la mer, ces couleurs s'étalent sur les longues houles venues du large.

Dans la douce contemplation à laquelle je m'abandonne, une pensée soudain me trouble profondément et « m'arrache à ma rêverie comme une dent », aurait dit Jacques Prévert.

Les spectacles maritimes me sont depuis longtemps familiers. Interminablement, j'ai arpenté les côtes abruptes de la Gaspésie et les plages immenses du golfe Saint-Laurent. Mais depuis ma dernière visite à l'océan quelque chose s'est passé qui prend à cet instant toute son importance. Étudiant au département de physique de l'université de Montréal, j'ai fait la connaissance, quelques mois plus tôt, des équations de Maxwell.

Maxwell est un physicien écossais du siècle dernier. Nous lui devons, en grande partie, la théorie de la lumière. Les équations dont il est l'auteur nous fournissent une excellente représentation mathématique des comportements lumineux. Réflexions, réfractions, diffractions, interférences ; tous les jeux de la lumière naissent de l'interaction des atomes avec des champs électriques et magnétiques. Superbe, mathématiquement élégante, et physiquement efficace, la théorie de Maxwell déclenche l'enthousiasme de l'étudiant qui la rencontre pour la première fois. C'est un des grands moments de l'apprentissage de la physique.

Devant l'océan serein, glorieusement coloré par le couchant, une voix intérieure se fait entendre : « Ces dessins, ces formes, ces teintes chatoyantes sont des solutions mathématiques des équations de Maxwell. Parfaitement prévisibles et calculables. Rien de plus. »

Dans ma tête, c'est la panique. La crainte de voir se désintégrer le plaisir exquis qui me possède. Dois-je y renoncer à tout jamais maintenant que j'ai regardé par-dessus la clôture et goûté au fruit empoisonné de la connaissance ? Autant ce sacrifice cruel me paraît inacceptable, autant il me semble impossible de faire marche arrière. Dans mon ciel intérieur, les équations de Maxwell se dressent, froides, inexorables. Leur lumière crue abolit, me semble-t-il, la fragile magie du ciel rose et de la mer moirée.

Secoué par ce conflit, je quitte le paysage devenu insoutenable pour rentrer chez moi à pied, en longeant les séquoias géants du Beacon Hill Park. Un violent mal de tête me saisit, comme un coin de métal enfoncé dans mon crâne. Enfermé dans ce dilemme, je comprends alors le sens premier du mot « schizophrénie », déchirure mentale.

Cette soirée m'a marqué pour longtemps. Elle est à l'origine d'un long parcours qui se poursuit encore aujourd'hui. A la recherche d'une solution ou plutôt d'une réconciliation, j'ai été amené à explorer de nombreuses avenues. Je me suis engagé sur des routes quelquefois inattendues, dans l'espoir de retrouver le droit de jouir paisiblement du spectacle des vagues roses sur la mer tranquille.

C'est ce parcours que je voudrais retracer ici pour tous ceux qui, comme moi, à un moment de leur vie, ont ressenti la douleur de ce coin cruel. Peut-on encore se laisser aller à l'émerveillement des spectacles naturels, quand la démarche scientifique nous en fait voir les coulisses ?

Au départ, quelques précautions s'imposent. Il s'agit d'un cheminement à bâtons rompus autour d'une interrogation. Ou encore d'un récit comme on en fait à ses amis quand on revient de voyage. Nous visiterons ensemble de nombreux domaines de l'activité humaine. Mon but n'est pas d'en présenter des synthèses exhaustives. Nous n'en retiendrons que les éléments susceptibles d'éclairer notre lanterne.

Il est d'usage, pour raconter les péripéties d'un long périple, de présenter aux auditeurs un résumé de parcours. Cette pratique est éminemment utile si le trajet comporte des méandres, des détours et des retours en arrière. Chacun peut ainsi, à chaque instant, se resituer par rapport à l'ensemble du parcours.

Ce périple va occuper quatre chapitres de ce livre. Dans le premier nous retracerons l'histoire de la naissance et de la montée de l'empire des nombres, et dans le second nous analyserons les causes de son déclin. Nous verrons comment, après s'être progressivement imposées comme l'expression ultime et parfaite de la réalité, les mathématiques ont rencontré certaines difficultés qui les ont ramenées à leur véritable dimension. La logique, qui est la base des mathématiques, nous apparaît maintenant comme un processus en devenir; une démarche imparfaite, comme toutes les choses humaines, et cherchant désespérément sa propre cohérence. Dans ce nouveau statut, elle est amenée à renoncer à des prétentions hégémoniques qu'elle n'est plus en mesure de justifier.

Dans les deux chapitres suivants, nous essaierons de comprendre comment la pensée logique vient aux humains. Nous chercherons à identifier les éléments à partir desquels elle se construit (troisième chapitre). La psychanalyse nous permettra de reconnaître les lieux de sa naissance : l'angoisse du petit enfant face à la terrifiante réalité (quatrième chapitre).

Replacé dans ce contexte plus réaliste et plus modeste, le juste rôle de la pensée logique n'est pas, comme on a pu le prétendre, d'évacuer les autres démarches de l'âme humaine mais de s'y associer pour atteindre et explorer ensemble les multiples facettes de la réalité. « *The full mind is alone the clear* », écrit Schiller.

Si je cite ce vers en anglais c'est que je n'en connais pas de traduction adéquate en français et que l'allemand ne nous est guère familier. Le sens est a peu près celui-ci : *il faut l'intervention de toutes les facultés de l'âme humaine pour atteindre la réalité dans toute sa dimension.* J'ai essayé de traduire ce vers. Ma meilleure formule : *la clarté est l'apanage de l'âme entière* est loin de me satisfaire. Si un lecteur a une idée de traduction je lui serais reconnaissant de me la faire parvenir (en m'écrivant aux Éditions du Seuil).

L'empire des nombres

D'où vient cette prétention hégémonique que, dans ma tête, je prêtais si volontiers au discours scientifique ? De quel droit pourrait-il évacuer tous les autres discours ? Sur quelles bases — délit beaucoup plus grave — pourrait-il exiger que je me prive d'une source de plaisir inépuisable : l'émerveillement naïf devant la nature ?

L'histoire de l'empire des nombres débute il y a plus de deux mille cinq cents ans sur les bords de la Méditerranée. Cherchant à comprendre le monde qui les entoure, les penseurs grecs ont une idée géniale. Derrière l'extraordinaire complexité de la réalité visible, il y a du « simple » invisible. Ce « simple » serait composé de quelques éléments fondamentaux — des sortes de briques — à partir desquelles tout se construit, s'ordonne et s'organise.

« Penser » la réalité serait d'abord chercher à identifier ces éléments. Puis essayer de démonter, un à un, les mécanismes par lesquels la complication visible de la réalité se construit à partir de ces éléments primordiaux.

Cette recherche des briques fondamentales de la réalité va se poursuivre pendant plusieurs siècles. Au départ on invoquera divers éléments matériels : l'eau, le feu, l'air, la terre. Cette identification primitive à des substances concrètes [1]* sera bientôt remplacée par des éléments plus abstraits. On passera du domaine des choses à celui des idées.

---

* Les notes sont regroupées en fin de volume, p. 195.

Mythologie pythagoricienne

Chacun se souvient du théorème de Pythagore sur la somme des carrés des côtés du triangle rectangle. Sur Pythagore lui-même on sait peu de chose. On raconte que, convaincu dès son enfance de l'importance fondamentale des nombres, il serait allé étudier les mathématiques en Égypte, auprès des prêtres du culte pharaonique. De même qu'aujourd'hui on va chercher le haut savoir dans les grandes universités américaines.

C'est la musique qui a apporté à Pythagore l'illumination de la connaissance. Il y a un rapport simple entre la longueur des cordes d'une lyre et le son qui en émerge. En réduisant la corde de moitié, on monte d'un octave ; en la réduisant des deux tiers, on obtient une quinte ; en passant aux trois quarts on obtient une quarte. De même, il indique que le son engendré par un marteau sur une enclume est proportionnel au poids du marteau.

Inspiré par l'harmonie musicale des marteaux et des cordes vibrantes, Pythagore énonce une proposition révolutionnaire (pour l'époque) : *la nature est fondamentalement mathématique*. Les nombres gouvernent la réalité tout entière. Ils en sont l'essence même. Le chiffre est la clef du cosmos.

Cette belle idée, Pythagore et ses disciples vont chercher à l'appliquer à tous les domaines de l'activité humaine, y compris la morale et la justice. Il s'agit, à la fois, d'une synthèse et d'un formidable programme de recherche.

« Qu'est-ce qui est le plus sage ? », demandent les pythagoriciens : « le nombre ». « Et qu'est-ce qui est le plus beau ? » : « l'harmonie des nombres ». C'est de cette époque que date l'expression « musique des sphères célestes ». On raconte que l'un d'entre eux, nommé Eurite, s'était mis en tête de trouver le *nombre caractéristique* de tout être vivant. Pour y arriver il comptait, par exemple, la quantité de petites pierres nécessaires pour composer l'image de l'homme ou du cheval [2].

Cette façon de penser la réalité reçoit un puissant appui de la part de Platon. Les *idées* jouent pour Platon à peu près le même rôle que les *nombres* pour Pythagore. La réalité matérielle est une illusion. L'ultime nature est de l'ordre des idées. Ces idées « existent » dans un « au-delà » non localisable, à partir duquel elles fondent et gouvernent toutes les manifestations de notre univers. « Dieu est un géomètre », disent en commun Pythagore et Platon.

Le langage de Dieu

Ce point de vue aura un énorme succès. Il dominera le développement de la pensée occidentale et de la science. Au long des siècles, il sera repris en écho par un nombre impressionnant de penseurs éminents.

Galilée écrira : « La philosophie, écrite dans le grand livre de l'univers, est formulée avec le langage des mathématiques. Sans lui il est humainement impossible de comprendre quoi que ce soit et on ne peut qu'errer dans un labyrinthe obscur. » « Les mathématiques sont le langage de Dieu », dira Newton. Et Einstein : « Le monde est ultimement intelligible en termes de géométrie. » Richard Feynman, un des plus grands physiciens de notre époque, admettait volontiers, en conversations privées, son adhésion à la réalité ultime des idées et des nombres[3].

Bertrand Russell, un mathématicien anglais du début de notre siècle, est pour nous un personnage charnière de cette histoire. Il a vécu en direct l'apogée et le déclin de l'empire des nombres. Au début de sa carrière, il plaçait au zénith de son ciel les théorèmes des mathématiques. Pour lui, ces théorèmes sont tout à la fois : les « idées » de Platon, « l'ordre éternel » de Spinoza, et le « monde de l'être » de tous les métaphysiciens. Emporté par son enthousiasme, il chante la science des nombres avec des accents qui touchent au lyrisme[4] : « Monde inchangeant, rigide, exact, délicieux au mathématicien, au logicien, au constructeur de systèmes métaphysiques et à tous ceux qui aiment la perfection plus que la vie. » « Les mathématiques ne sont pas seulement vraies, elles sont aussi suprêmement belles. Elles possèdent une beauté froide et austère, comme celle des sculptures, sans concession aux faiblesses de notre humaine nature. Évitant les pièges somptueux de la peinture et de la musique, elles sont d'une pureté sublime et d'une perfection digne des plus grands chefs-d'œuvre de l'art. »

Ces propos lyriques du grand mathématicien — il changera d'avis plus tard — nous autorisent à parler d'une « mythologie pythagoricienne » pour décrire cette foi absolue en la primauté des idées et des nombres qui a régné pendant plus de deux millénaires.

« Les illuminés de l'arrière-monde », disait Nietzsche, lucide et sarcastique, à propos des fidèles de cette croyance. Nous verrons que les événements devaient lui donner largement raison. Mais, pour l'instant, continuons à observer l'expansion spectaculaire de l'empire des mathématiques.

L'échelle des connaissances

Au cours des siècles, les chiffres envahissent progressivement tous les domaines de la connaissance.

Galilée (dit-on) fait rouler des boules sur des plans inclinés et mesure la distance parcourue en fonction du temps. Il applique ses résultats à l'étude du mouvement des corps. Il abolit ainsi, d'un trait, deux mille ans de physique aristotélicienne. Le mouvement absolu n'existe pas, l'espace absolu n'existe pas. Les deux sont relatifs à l'observateur.

Pascal enregistre les variations de son baromètre entre la ville de Clermont-Ferrand et le sommet des montagnes environnantes. Il en déduit l'existence de l'atmosphère terrestre.

Descartes mesure les angles de réflexions de la lumière sur les miroirs. Il en tire les lois fondamentales de l'optique géométrique.

Pendant des années, Tycho Brahe note avec précision la position des planètes dans le ciel. Grâce à ces données, Johannes Kepler montre que les orbites planétaires ne sont pas des cercles mais plutôt des *ellipses*.

Les ellipses planétaires sont *presque* des cercles, les différences sont faibles. Kepler, dit-on à l'époque, perd son temps. Mais ici — comme souvent dans la recherche scientifique — une différence numérique, même minime, «fait toute la différence». L'implication est gigantesque. Grâce aux travaux de Tycho Brahe et de Kepler, Newton pourra énoncer la théorie de la gravitation universelle. Dès lors, les mouvements des planètes et les marées océaniques n'ont plus de mystères. On peut calculer, des millénaires à l'avance, les positions du Soleil et de la Lune.

L'empire des nombres continue sa progression triomphante. Il dépasse le cadre astronomique, envahit toute la physique. Les mystères de la lumière sont élucidés par la théorie électromagnétique de Maxwell. Les propriétés de la chaleur nous sont révélées par la thermodynamique. Lavoisier et ses successeurs vont étendre le règne des chiffres au domaine de la chimie. *Ainsi, à cette époque, on arrive à la conclusion que les nombres sont le langage commun des sciences.*

Naturellement, chaque discipline scientifique possède ses concepts propres, ses méthodes, sa façon d'envisager la réalité. Mais même si la chimie, la physique et les mathématiques sont des sciences à part entière, on découvre qu'elles ne sont nullement indépendantes. La chimie, par exemple, emprunte ses concepts à la physique et la physique emprunte les siens aux mathématiques. De même la biologie s'étudie en termes de chimie organique.

Le socle de pur bronze

Telle est la situation à la fin du siècle dernier. Le philosophe français Auguste Comte ordonnance alors l'empire des nombres. Il établit une « échelle des sciences ». Au sommet, il place la psychologie, science nouvelle à cette époque qui repose — du moins en est-il convaincu — sur la biologie. Mais la biologie repose sur la chimie qui repose elle-même sur la physique, et la physique s'appuie sur les mathématiques. Ainsi tous les domaines de la connaissance reposent les uns sur les autres et trouvent leur assise ultime sur le socle de pur bronze des nombres et de la logique.

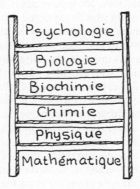

L'échelle d'Auguste Comte, vers 1845.

L'échelle des sciences d'Auguste Comte, en résumant deux mille ans de recherches scientifiques, confirme l'intuition géniale de Pythagore. Éternelles et toutes-puissantes, pour une longue tradition de chercheurs, les mathématiques sont la vraie réalité.

Comment les mathématiques viennent aux humains?

A ce point une question se pose tout naturellement? Ce monde des nombres, comment se communique-t-il aux esprits humains? Comment le connaissons-nous? Par quelles opérations mentales notre cerveau a-t-il pu y accéder? Cette question va nous suivre tout au long de ce chapitre. Elle va s'insérer en filigrane dans notre interrogation sur la science et la poésie.

Pour Platon le monde des chiffres est inscrit, à notre insu, dans notre mémoire. *Nous nous les «rappelons»*. C'est la première réponse, celle qui prévaudra tout au long de la montée de l'empire des nombres.

Personne, peut-être, mieux que le philosophe français du XVIIe siècle, René Descartes, n'a décrit le point de vue selon lequel le cerveau humain «découvre» à l'intérieur de lui-même les «tables de pierres» sur lesquelles sont gravés les concepts, la logique et les mathématiques.

Je cite un passage de la Cinquième Méditation Métaphysique qui nous servira de point de départ pour plusieurs réflexions. J'ai mis certaines expressions en italiques pour en souligner l'importance dans le cadre de notre discussion [5]:

«Lorsque je commence à découvrir (les mathématiques), il ne me semble pas que j'apprenne rien de nouveau, mais plutôt que je me ressouviens de ce que je savais déjà auparavant, c'est-à-dire que *j'aperçois des choses qui étaient déjà dans mon esprit*, quoique je n'eusse point encore tourné ma pensée vers elles.

Et ce que je trouve ici de plus considérable, c'est que je trouve en moi une infinité d'idées de certaines choses qui ne peuvent pas être estimées un pur néant, *quoique, peut-être, elles n'aient aucune existence hors de ma pensée*, mais qui ont leur vraie et immuable nature.»

A l'époque de la métaphysique chrétienne, la réalité des nombres semblait toute naturelle. Pour Descartes, comme pour les philosophes scolastiques, la « vérité » existe en Dieu. Les mathématiques y trouvent leur fondement. Les commandements divins furent transmis à Moïse sur des tables de pierre. Les lois des nombres sont gravées dès la naissance dans les mémoires humaines. Il suffit d'apprendre à les lire.

Cette croyance va survivre à la laïcisation de la pensée philosophique des siècles ultérieurs. On la retrouve encore chez de nombreux penseurs contemporains[3].

***

Pour terminer ce premier chapitre résumons notre interrogation ainsi que le trajet parcouru jusqu'ici. Est-ce que la science, en expliquant les couchers de soleil, tue leur magie ? Telle est la question qui nous a mis sur la route. Nous sommes remontés au temps des penseurs grecs. Nous y avons rencontré une thèse qui, pendant des millénaires, a eu un grand succès. Les nombres sont l'ultime réalité. Ils préexistent à tout ce que nous percevons. Ils sont inscrits dans notre cerveau. D'éminents scientifiques sont convaincus qu'en découvrant les lois mathématiques du cosmos, ils lisent le grand livre des desseins de Dieu.

2. Le déclin de l'empire

Au XIXᵉ siècle l'image des mathématiques — fondant toute la réalité et inscrite au fond de la mémoire humaine — allait être ternie par une succession de chocs. Dans ce deuxième chapitre, ils seront décrits les uns après les autres. Nous verrons en particulier, sous leur impact, l'échelle des sciences se métamorphoser en un « cercle des connaissances ». Ce cercle, vicieux au point d'en être pervers, va ensuite nous causer beaucoup de problèmes.

Les mathématiciens inventent

Depuis les temps les plus anciens, la mathématique est, dans la vie courante, la servante des sciences et des techniques. Aux mathématiciens, on demande de résoudre des problèmes concrets. Les calculs astronomiques, la prévision des éclipses, l'arpentage des terrains motivent et justifient le développement de leurs astucieuses techniques. C'est l'époque de ce que nous appelons aujourd'hui les « mathématiques appliquées ».

Puis, au siècle dernier, la situation change. Les mathématiciens contestent leur subordination. Ils se « libèrent ». Ils inventent leurs propres problèmes. Ils jouent des jeux gratuits dont ils composent eux-mêmes les règles. Ils se comportent comme des joueurs de cartes qui altéreraient indéfiniment, en s'interdisant toutefois de tricher, les conventions de leur activité favorite.

On fait alors une découverte étonnante. Les questions posées par les sciences et les techniques ne constituent qu'une partie infime de l'ensemble des problèmes formulables. La grande majorité des théories mathématiques, inventées et publiées dans les revues spécialisées, *n'ont aucune application dans la réalité.* Elles ne décrivent en rien le monde qui nous entoure. Leurs axiomes ne correspondent pas à ce que nous connaissons de la nature. Elles n'ont d'autres raisons d'être que le plaisir des mathématiciens qui les ont formulées. Elles ne se justifient que par leur propre cohérence interne.

Les mathématiques prennent alors une nouvelle dimension. Elles deviennent un jeu de l'esprit humain.

Dans le langage courant, «inventer» veut dire : produire quelque chose qui n'existait pas auparavant [6]. Nous ne pouvons pas dire que la *Neuvième Symphonie* de Beethoven «existait» avant que Ludwig ne se mette à sa table de travail. De même, au sujet du mathématicien qui, en jouant avec les axiomes, met sur pied une variété infinie de géométries non euclidiennes, il semblerait plus juste d'affirmer que, comme l'artiste, il «invente», il «crée [7]».

Dans ces conditions, pouvons-nous encore envisager sérieusement l'idée de Platon et Descartes selon laquelle toutes les mathématiques seraient inscrites, à titre de «souvenir», dans le cerveau humain ? Il serait à peu près aussi crédible d'affirmer que Joseph Haydn a lu, sur des partitions déjà inscrites dans sa tête, la musique de ses 104 symphonies...

Einstein et la géométrie

Et pourtant... Il nous faut maintenant introduire un nouvel élément qui va brouiller les cartes et relancer la discussion. Dans le passé, je l'ai mentionné auparavant, les théories mathématiques étaient toujours créées *en réponse* aux problèmes techniques. Par exemple, au début du siècle dernier, Charles Fourier essaie de comprendre le comportement de la chaleur. Pour décrire l'évolution de la température d'une barre métallique chauffée à une extrémité, il produit un nouveau chapitre des mathématiques : l'*analyse en séries de Fourier*, bien connue de tous les scientifiques contemporains.

Récemment, la situation s'est plusieurs fois inversée. Les mathématiques ont souvent précédé la physique. En voici quelques exemples typiques.

Au début de notre siècle, la physique traverse une série de crises majeures. La théorie des orbites planétaires de Newton rencontre des difficultés. La planète Mercure s'obstine à ne pas obéir exactement aux injonctions des équations. L'orbite n'est pas une ellipse parfaite. Elle en diffère très peu. Mais, comme au temps de Kepler, cette minime différence va devenir une riche source de renseignements. C'est Einstein qui sauve la situation. Il repose la question de la force de gravité. Il découvre que l'espace dans lequel les planètes se meuvent ne peut pas être correctement décrit par la géométrie d'Euclide de nos bancs d'écoles (deux droites parallèles ne se rencontrent jamais...). Il soupçonne que pour expliciter les relations subtiles entre les masses des corps et leurs mouvements il faudrait utiliser des géométries très spéciales.

Ses collègues lui signalent alors que de telles géométries existent déjà dans la littérature. Elles ont été inventées, un siècle plus tôt, par Gauss et Riemann. Ces deux mathématiciens allemands n'ont jamais imaginé que leurs travaux trouveraient un jour une place dans le monde des étoiles.

Transposant ces nouvelles géométries — dites non euclidiennes — à son problème, Einstein formule en 1915 la théorie de la relativité généralisée. Ce pur chef-d'œuvre de la pensée humaine ne se contente pas de décrire correctement l'orbite de Mercure. Il nous ouvre l'accès au monde étrange des étoiles super-denses ainsi qu'aux premières secondes de l'univers.

Heisenberg et l'algèbre

La physique atomique est également en crise au début du siècle. Rien ne va plus entre les prédictions de la théorie et les résultats de laboratoire. Cette fois c'est la physique quantique qui
va sauver la situation. Bohr, Schrödinger, Heisenberg sont amenés à formuler la mécanique des atomes sur des bases complètement nouvelles. Mais il manque une théorie mathématique
appropriée. Heureusement, comme dans le cas d'Einstein et de
Gauss, les mathématiciens sont déjà passés par là. Heisenberg
prend connaissance d'un formalisme mathématique appelé *algè-
bre linéaire*, créé peu d'années auparavant par le mathématicien Jordan. Adapté à la description des particules de la matière,
ce formalisme devient la base de la théorie quantique. Le succès est éblouissant. Dans certains cas cette théorie permet de pré-
dire les résultats d'expérimentation avec une précision supérieure
à une partie pour un milliard.

Un événement analogue a eu lieu en physique des particules
élémentaires. Les diverses forces de la nature : la force électromagnétique, la force de gravité, la force nucléaire et la force
faible, bien qu'apparemment fort différentes, sont, quelque part,
semblables. Elles peuvent être décrites par des formalismes
mathématiques analogues auxquels les physiciens ont donné le
nom de « théories de jauge ». Plus tard ils se sont rendu compte
que le mathématicien français Cartan en avait déjà élaboré le
formalisme sous le nom de « théorie des faisceaux ». On y introduit les particules et les forces de la physique et ça marche admirablement bien...

Inventer, oui mais...

Dans ces trois cas nous avons vu comment des mathématiques, inventées par jeu, ont ultérieurement été utilisées dans la description du monde réel. Comment leur structure et leur logique interne correspondaient quasi miraculeusement au comportement de la matière dans certaines circonstances particulières.

La question se repose : « Comment les mathématiques viennent aux humains ? » Nous sommes maintenant confrontés à une situation paradoxale. Si elles « s'inventent », comment expliquer que les quelques théories qui s'appliquent à la nature s'y adaptent, avec une efficacité aussi époustouflante ? Comment des axiomes inventés par des mathématiciens totalement ignorants des problèmes pour lesquels on va les utiliser parviennent-ils à reproduire les sinuosités des phénomènes physiques sur plus de neuf ordres de grandeur ?

Pourtant, malgré ces exceptions notoires, comment justifier l'emploi du mot « découvrir » quand la quasi-totalité des théories mathématiques publiées sont le résultat du jeu gratuit des mathématiciens et n'ont aucun rapport avec la réalité[8] ? De toute évidence les deux termes « découvrir » et « inventer » sont également insuffisants. Pour décrire l'opération par laquelle les mathématiques viennent aux humains, il faut chercher ailleurs.

Les mathématiques ne sont pas parfaites

La dimension ludique des mathématiques a quelque peu altéré la pureté sévère du mythe pythagoricien. D'autres événements vont aller maintenant beaucoup plus loin dans ce sens.

Au début de notre siècle, des mathématiciens ont cherché à améliorer les fondements des mathématiques. Ils ont analysé la logique, héritage des philosophes grecs et, en particulier, d'Aristote. A leur surprise, ils ont mis en évidence un ensemble de difficultés au sein même de l'édifice conceptuel. L'effort pour corriger cette situation a révélé d'autres difficultés, plus graves encore.

Dans l'espoir de les résoudre, plusieurs écoles de pensée se sont formées. Elles ont évolué vers des directions différentes. Elles ne s'entendent plus sur les énoncés les plus fondamentaux. Personne ne sait si ces désaccords vont se résoudre ou non. Dans son livre *Mathematics, the Loss of Certainties*, Morris Kline raconte les péripéties de ce chapitre houleux de l'histoire des mathématiques.

Ici nous rappelons à la barre des témoignages Bertrand Russell qui, au début de sa carrière, chantait avec un tel enthousiasme la perfection des mathématiques. Dans son autobiographie[9], il raconte sa déception :

« Je voulais des certitudes comme celles que les gens cherchent dans la religion. Mais j'ai découvert que plusieurs démonstrations mathématiques que mes professeurs voulaient me voir accepter étaient pleines d'erreurs. Si les certitudes pouvaient venir des mathématiques, elles viendraient d'un nouveau champ mathématique avec des fondements plus solides que ceux qui existaient déjà et auxquels on avait cru pouvoir faire confiance. Plus mon travail progressait, plus me revenait en mémoire la fable de l'éléphant et de la tortue. Ayant créé un éléphant sur lequel le monde mathématique puisse s'appuyer, je l'ai trouvé chancelant et je me suis mis à la construction d'une tortue pour l'y déposer et l'empêcher de tomber. Mais la tortue n'était pas plus solide, il fallait l'appuyer sur une nouvelle tortue... Après vingt ans de dur labeur je suis arrivé à la conclusion que je ne peux rien faire de plus pour donner à la connaissance mathématique un statut de certitude. »

Le mythe de la perfection des mathématiques s'est dissous dans ces difficultés. Aujourd'hui il est difficile de croire que les lois des nombres soient l'ultime vérité du monde. Comment l'essence

de la réalité, le langage de Dieu pourrait-il être truffé de disso-
nances ?

Il nous faut plutôt reconnaître que l'évolution des mathématiques reflète le fonctionnement et les limites du cerveau humain
dont, décidément, elles sont le produit. Mais alors, se repose
à nouveau, plus mystérieuse que jamais, la question de leur
extraordinaire efficacité à décrire certains aspects du monde réel.

Le mirage d'une physique définitive

En parallèle avec le rêve d'une mathématique parfaite, les
physiciens caressent depuis longtemps l'espoir de formuler une
théorie complète de l'univers. Déjà présente chez Einstein sous
le nom de « théorie unitaire », elle revient aujourd'hui sous le
titre ambitieux de « théorie du tout » *(theory of everything)*. Dans
un élan d'optimisme exemplaire, Stephen Hawking[10] nous
laisse entrevoir qu'elle pourrait bien voir le jour avant la fin du
siècle.

Où en sommes-nous dans cette quête ? Il faut ici mettre
l'accent sur un élément important : les mathématiques ne donnent qu'une représentation approximative de la réalité. Une
rétrospective historique nous permettra d'évaluer la situation.

Parmi l'ensemble des géométries possibles, celle d'Euclide,
apprise sur nos bancs d'école, continue à jouer un rôle privilégié. Les notions d'angle et de surface, les raisonnements fondés
sur les angles égaux sont utilisés par des milliers d'architectes
et d'ingénieurs dans le monde entier. La solidité des ponts et
des gratte-ciel est la manifestation de leur efficacité à représenter *suffisamment bien* la texture du réel. Pourtant un arpenteur
géomètre muni d'un excellent théodolite pourrait montrer que
cette représentation des architectes n'est pas parfaite.

En astronomie, l'orbite de Mercure nous donne l'exemple

d'une situation analogue. La géométrie d'Euclide peut servir à décrire le système solaire pourvu que les positions des planètes ne soient pas déterminées avec trop de précision. Passé un certain seuil de qualité, les désaccords se manifestent entre la théorie et l'observation.

Aujourd'hui, les scientifiques admettent que toutes les théories de la physique contemporaine sont approximatives. Aucune ne donne une image universellement valable du monde réel. De plus, chacune fonctionne à l'intérieur d'un domaine donné, défini par certaines conditions. Hors de ce domaine propre, elle devient inutilisable.

Par exemple, la physique de Newton marche très bien si les corps auxquels on l'applique ne vont pas très vite. Quand on veut décrire le mouvement de particules approchant la vitesse de la lumière, rien ne va plus. Il faut alors utiliser la relativité d'Einstein. Parfaitement adaptée à l'étude des très grandes vitesses, et aussi, dans sa version généralisée, à la description des forts champs de gravité, elle est pourtant incapable de rendre compte correctement du comportement des atomes. Il faut alors se tourner vers la physique quantique. Ses prouesses dans son domaine propre sont extravagantes. Elle décrit les phénomènes atomiques et moléculaires avec une précision admirable *pourvu* que ces objets ne soient pas soumis à un fort champ de gravité. Dans ce cas rien ne va plus...

Pour obtenir des résultats valables il faut d'abord choisir correctement son objectif, et savoir se contenter d'une description incomplète de la nature.

« Terra incognita »

Quand les explorateurs des siècles derniers dessinaient les cartes géographiques de leurs voyages, ils plaçaient à la limite des ter-

res parcourues une zone blanche intitulée « terra incognita ».
terres inconnues, dont ils ne pouvaient rien dire. La frontière
de cette région séparait la zone explorée des régions encore vierges. Elle se situait à la limite entre le connu et l'inconnu.

En physique nous avons aussi notre « terra incognita ». Un
domaine où rien ne marche. Cela s'appelle dans la littérature
technique « les conditions de Planck ». On la rencontre à des
températures très élevées, au voisinage de 10^{32} K ou à des
densités de 10^{93} grammes par centimètre cube. Il peut
sembler que des densités et des températures aussi extravagantes ne jouent aucun rôle dans notre univers, et puissent
être allègrement ignorées. Tel n'est pas le cas. De telles conditions ont vraisemblablement existé dans le lointain passé du
monde. Les traces qu'elles auraient laissées pourraient avoir
influencé d'une façon prépondérante le destin de l'univers.
Malheureusement, notre ignorance des lois de la physique qui
régnaient alors nous empêche de pousser jusque-là notre exploration du monde.

De nombreux physiciens cherchent à formuler une théorie
applicable à ces conditions extrêmes [11]. Les difficultés sont
énormes et les résultats, pour l'instant, sont décevants. Selon
toute vraisemblance, on n'arrivera, au mieux, qu'à repousser
un peu plus loin les frontières présentes.

En résumé, nous avons pris conscience du fait que les mathématiques ne nous donnent que des *représentations approximatives et limitées* de la réalité, même si ces représentations sont
quelquefois extraordinairement fidèles. Leurs limites nous sont
connues (même si, souvent, nous arrivons mal à les localiser).
Dès qu'on sort de leur domaine de validité, les théories de la
physique perdent toute valeur.

D'année en année, la situation s'améliore. Les connaissances
progressent. Les frontières de l'ignorance reculent. Pourrons-
nous, un jour, énoncer une théorie globale et définitive de l'univers ? Ou bien s'agit-il d'un mirage qui s'éloigne aussi vite que
nous nous en approchons ? Divers chercheurs ont abordé cette

43

question. Les réponses ne font pas l'unanimité. Elles reflètent surtout, je pense, le tempérament de leurs auteurs.

Où en sommes-nous ?

Avant de poursuivre cette enquête, il convient de nous resituer dans notre parcours. La vision antique des mathématiques parfaites, présentée au premier chapitre de ce livre, devait, au cours des deux derniers siècles, faire face à des éléments imprévus. Elle sera bousculée par plusieurs chocs. Le premier se place au XIXe siècle. Les mathématiciens inventent un nouveau jeu. Ils s'amusent à énoncer des ensembles d'axiomes inédits et à en développer les conséquences. Ils créent de toutes pièces une *multitude* de géométries, toutes différentes de la géométrie d'Euclide. Pour la plupart, ces géométries ne décrivent aucune réalité, ne résolvent aucun problème. On découvre la dimension ludique de l'activité mathématique.

Les (rares) mathématiques qui décrivent le monde réel nous interrogent sur plusieurs plans différents. Pourquoi elles et non pas les autres ? Pourquoi ont-elles toujours un domaine d'application limitée, hors duquel elles ne fonctionnent plus ? Et pourquoi, dans ce domaine d'application, ont-elles cette extraordinaire aptitude à représenter le réel ? La précision de leurs prévisions — on atteint souvent le milliardième — dépasse infiniment ce qu'on aurait naïvement prévu.

Un second choc subi par la simplicité bucolique des images pythagoriciennes se produit au début du XXe siècle quand on découvre plusieurs problèmes de cohérence interne de l'entreprise logique. Le mythe du langage parfait d'un dieu géomètre est sérieusement ébranlé. Mais que reste-t-il alors de la mythologie pythagoricienne et du statut des mathématiques ?

Les physiciens de leur côté sont toujours à la recherche d'une théorie absolue de l'univers. La question de savoir si on y arrivera un jour reste ouverte. Cet espoir me paraît sérieusement compromis par les difficultés internes des mathématiques contemporaines. Il est difficile d'imaginer une physique absolue appuyée sur une logique problématique...

Les idées ont une histoire

Certaines découvertes scientifiques altèrent profondément notre vision du monde. Mais la prise de conscience est souvent lente. Les connaissances nouvelles doivent d'abord s'imposer Leur influence doit ensuite pénétrer largement les couches de la pensée contemporaine. Cela peut prendre des décennies.

A quelques exceptions près, les philosophes de l'Antiquité pensent que l'univers est *éternel et inchangeant*. La matière a toujours existé et elle existera toujours. Le bois pourrit et le métal rouille, bien sûr, mais il s'agit « d'accidents », de changements anecdotiques, sans portée universelle. A l'échelle des astres, tout est toujours pareil et rien ne change jamais.

Cette vision d'un univers statique traverse toute la science, depuis l'antiquité grecque jusqu'au début de notre siècle. Galilée, Descartes, Newton, Laplace ne la remettent pas en question. Einstein lui-même y adhérera avec conviction ; il ira jusqu'à altérer les équations de sa propre théorie pour préserver son idée d'un cosmos statique. En 1915, dix ans avant les mesures historiques de Hubble, ses équations contenaient déjà l'image d'un univers en évolution. Quand on découvrira le mouvement des galaxies et l'expansion de l'univers, il reconnaîtra son erreur. « C'est la plus grande bévue de ma vie », dira-t-il plus tard.

Depuis quelques décennies, les diverses sciences, et en particulier l'astronomie, nous présentent l'image d'un univers dynamique. *Il y a du changement dans notre monde.* Non seulement les formes animales changent, non seulement les étoiles évoluent, changent de couleurs, vivent et meurent, mais les propriétés globales du cosmos, température, densité, états de la matière, se modifient profondément au cours des ères.

Nous vivons dans *un univers en évolution*. Cette découverte influence notre façon de penser sur tout, y compris sur la pensée elle-même. Elle va affecter le statut de l'empire des nombres. Elle va remettre en question la mythologie pythagoricienne.

L'être humain n'a pas toujours existé. Aux échelles de temps de l'astronomie, son apparition est toute récente. Il émerge d'une longue série d'ancêtres parmi lesquels nous reconnaissons les cellules primitives, les métazoaires, les poissons, les amphibiens, les reptiles, les mammifères et les primates. Le cerveau de nos ancêtres d'il y a deux millions d'années était, en moyenne, trois fois plus petit que le nôtre.

L'homme n'a pas toujours existé et les Grecs ne le savaient pas. Cela remet en cause aussi bien la mythologie pythagoricienne que l'échelle des connaissances d'Auguste Comte. Car, dans notre interrogation sur le statut des idées et de la connaissance scientifique, il faut maintenant introduire la dimension historique.

On est alors confronté à une évidence fondamentale et incontournable. La logique et les mathématiques sont pensées par le cerveau humain. Or ce cerveau n'apparaît qu'après des milliards d'années d'évolution d'un univers — régi par des lois physiques — dans lequel *il n'y a pas de cerveaux pensants*.

Maintenant se pose à nous une question insidieuse : *est-ce que les mathématiques « existent » quand il n'y a pas de cerveau pour les penser ?* Que veut dire le mot « exister » quand on parle des idées et qu'il n'y a personne ? Où nichaient, au précambrien, les chiffres et les lois de la physique auxquels nous devons notre propre existence ?

« Est-ce que 2 plus 2 faisaient 4 au temps des dinosaures ? », demande pertinemment Pirsig dans son beau livre *Traité du zen et de l'entretien des motocyclettes*[12].

Quel était, à cette période, le statut de l'empire des nombres ? Dans le texte cité précédemment, Descartes juxtapose l'affirmation : « Je trouve en moi une infinité d'idées de certaines choses qui *ne peuvent pas être estimées un pur néant* » avec les mots « quoique peut-être elles n'aient *aucune existence hors de ma pensée* ». On a envie de lui poser notre question : qu'est-ce que ça veut dire « exister » pour une idée ou un chiffre quand il n'y a personne pour le penser ? Ou encore une fois : est-ce que 2 + 2 faisaient 4 au temps des dinosaures ?

Le nombre et le nombrant

Cette énigme, en fait, n'est pas nouvelle. Bien avant les découvertes de la science moderne, Aristote en a eu une intuition fragmentaire. Il en présente un premier « volet ». En y ajoutant un second volet, l'astronomie contemporaine nous fait prendre la vraie dimension de ce problème.

Aristote s'interroge sur le rapport entre l'existence du *temps* et l'existence *d'une psyché humaine capable de le concevoir*. Il relie astucieusement ce problème à celui de l'existence du *nombre* par rapport à l'existence *d'un « nombrant » qui pense le nombre*.

« On pourrait douter, écrit-il, de l'existence du temps sans l'existence de la psyché. En effet, si on n'admet pas l'existence du *nombrant*, on n'admet pas non plus de *nombre*. Mais s'il est vrai que, dans la nature des choses, seule la psyché — ou l'intelligence qui est dans la psyché — a la capacité de nombrer, l'existence du temps sans celle de la psyché est impossible [13]. »

En peu de mots, Aristote nous dit que s'il n'y a pas de *nombrant*, il n'y a pas de *nombre*. C'est le premier volet. Mais ce qu'il ne sait pas, et que nous avons appris par la suite, c'est que l'évolution de la matière — du Big Bang jusqu'à l'apparition du cerveau humain — obéit à des lois physiques que le cerveau humain exprime par des nombres. Le second volet consisterait alors à ajouter que s'il n'y a pas de *nombre*, il n'y a pas de *nombrant*. D'où la conclusion paradoxale vers laquelle nous semblons inexorablement entraînés : il faut des nombres pour engendrer un nombrant, et il faut un nombrant pour concevoir des nombres...

Un manège infernal

Dans le langage populaire, cela porte le nom de «cercle vicieux». Mais tous les cercles vicieux ne sont pas égaux. Certains le sont plus que d'autres. Celui-ci, nous le découvrirons bientôt, bat tous les records... Au vice, il ajoute la perversion. Il a l'art de nous ramener à lui-même au moment précis où nous pensons nous en être enfin tirés...

Avant de chercher à sortir de notre cercle vicieux, je vais en présenter les éléments d'une facon un peu plus détaillée. On peut le faire de plusieurs façons. Par exemple en juxtaposant deux phrases en apparence anodines.

La première phrase s'énonce comme ceci : *le cerveau humain est «inscrit» dans les lois.* J'utilise ici le mot «inscrire» dans un sens assez vague. Il a pour but de nous rappeler deux choses différentes :

— d'une part que le *fonctionnement cérébral* implique un ensemble de réactions physico-chimiques situées dans le cerveau. Ces événements impliquent l'interaction d'un très grand nombre de molécules géantes. Le comportement de ces molécules est soumis à la force électromagnétique et aux lois qui régissent cette force ;

— d'autre part que l'*existence même* du cerveau humain, en tant qu'émergeant de l'évolution cosmique, est liée à l'opération de

48

phénomènes étalés sur quinze milliards d'années. Ces phénomènes font intervenir les quatre forces de la physique (nucléaire,
électromagnétique, faible et gravitationnelle) et les lois physiques qui les gouvernent.

En d'autres mots, la croissance de la complexité cosmique au
cours des âges, jusqu'à l'apparition de la pensée, peut être considérée comme une actualisation des potentialités que, *grâce à l'existence des lois*, la matière possédait déjà dans le magma initial.

La seconde phrase s'énonce alors : *les lois sont inscrites dans
le cerveau humain*. A son tour, cette proposition nous remet
en mémoire le fait que les mathématiques et la physique sont
des productions — relativement récentes — des êtres humains.

Ces deux propositions juxtaposées sont une nouvelle expression du problème du nombre et du nombrant. En voici encore
une, plus succincte : les lois fabriquent le cerveau et le cerveau
fabrique les lois. Chacune de ces expressions nous plonge à sa
façon dans ce manège infernal dont nous aurons beaucoup de
mal à nous extraire [14].

Le cercle des connaissances

Le psychologue suisse Jean Piaget a été un des premiers à
introduire la dimension historique dans l'étude de l'acquisition
des connaissances. Il a reconnu d'emblée que la logique est un
processus en devenir, soumis à une évolution. En d'autres mots,
le socle de pur bronze — qui pour Auguste Comte sert d'assise
à l'échelle des sciences — est passible de la même interrogation
que les autres disciplines juchées sur l'échelle. Sur quoi repose-
t-il et où trouve-t-il ses assises ?

La question posée fait surgir une évidence incontournable :
*le problème de l'origine de la logique est un problème d'ordre
psychologique et biologique.*

« L'univers, écrit-il, n'est connu de l'homme qu'au travers de la logique et des mathématiques, produit de son esprit, mais il ne peut comprendre comment il a construit les mathématiques et la logique qu'en s'étudiant [15] lui-même psychologiquement et biologiquement, *c'est-à-dire en fonction de l'univers entier.* »

Poursuivant cette argumentation, nous allons trouver une nouvelle expression de notre problème. Les concepts sont créés par un cerveau dont l'activité s'étudie scientifiquement en termes de physiologie, c'est-à-dire de réactions biochimiques. Or il nous faut bien reconnaître que cette biochimie repose sur la chimie, qui repose sur la physique, laquelle repose sur la logique et les mathématiques, lesquelles sont la création du cerveau humain. *Nous sommes tout simplement revenus à la case départ...*

Cette mésaventure nous suggère de remplacer l'image de « l'échelle des connaissances » d'Auguste Comte par l'image du « cercle des sciences » de Piaget. Reprenant la séquence des disciplines qui reposent les unes sur les autres — la psychologie repose sur la biochimie, qui repose sur la chimie, qui repose sur la physique, qui repose sur les mathématiques et la logique —, Piaget propose de compléter le cercle en mettant l'origine de ces dernières disciplines en relation avec la psychologie elle-même.

Comme un serpent qui se mord la queue, l'échelle s'est recourbée sur elle-même, formant une sorte de chaîne fermée dont chacune des sciences est un chaînon. Dans ce mouvement tournant, le socle de bronze de la logique s'est transformé sous nos yeux en un chaînon de la chaîne.

Cette métamorphose est capitale pour notre discussion.

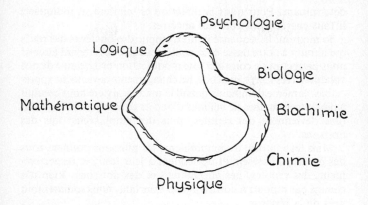

Le serpent des sciences, Jean Piaget, environ 1960.

L'œuf et la poule

Cette situation n'est pas sans rappeler l'énigme de l'œuf et de la poule. Lequel des deux est apparu en premier ? Il faut une poule pour faire un œuf ; il faut un œuf pour faire une poule. On est coincé. On tourne en rond ; œuf, poule, œuf, poule, etc. Comment sortir du cercle ?

Aujourd'hui ce problème est résolu. Allons faire un détour au poulailler. La solution du problème œuf-poule pourrait nous aider à reformuler notre interrogation.

Pour résoudre l'énigme œuf-poule, il faut y ajouter un ingré-dient : le temps. C'est dans le cadre des millions d'années de l'évolution biologique que le temps joue son rôle, subtil mais

51

déterminant. Pour nous la direction est clairement indiquée : il faut chercher du côté des ancêtres.

Remontons la séquence ininterrompue des poules et des œufs qui aboutit à notre basse-cour contemporaine. Un regard attentif nous permettra de constater une modification progressive de nos volatiles. Très légers au début, les changements deviennent appréciables et même dominants quand la marche arrière nous conduit à plusieurs centaines de millions d'années dans le passé. Les volatiles deviennent des reptiles, puis des amphibiens puis des poissons.

Mais les reptiles, les amphibiens, les poissons pondent tous des œufs qui éclosent et deviennent à leur tour, et respectivement, des reptiles, des amphibiens et des poissons. Rien n'a changé par rapport à notre énigme. Pourtant, nous sommes tout près de la réponse.

L'existence de l'œuf est reliée au phénomène de la reproduction sexuée. Il est le lieu où les deux partenaires déposent leurs gènes. D'où la question : quand la reproduction sexuée est-elle apparue dans le monde animal ?

J'ai trouvé dans *L'Univers bactériel* de Margulis et Sagan [16] une mine de renseignements fascinants sur la sexualité des cellules primitives. Les premières cellules vivantes se reproduisent en se divisant elles-mêmes sans rencontre sexuelle, sans pondre d'œufs. Plus tard, des cellules plus complexes inventent la reproduction sexuelle. Deux partenaires déposent leurs gènes dans un même panier. Ce panier s'appelle un œuf.

Même si nous ne savons pas exactement comment la sexualité est apparue, nous savons qu'à une certaine période un ancêtre lointain de la poule met au point le mécanisme de la rencontre sexuelle. C'est lui qui nous fait sortir du cercle vicieux. Bien que cet ancêtre ne soit ni un œuf, ni une poule, il donnera naissance, après des centaines de millions d'années, à l'œuf *et* à la poule.

Nous avons résolu le problème : ce qui est premier ce n'est ni l'œuf, ni la poule, mais cet ancêtre commun qui n'était ni un œuf ni une poule. Nous comprenons *comment* nous sommes sortis du cercle vicieux. En reconnaissant qu'il ne s'agissait pas vraiment d'un cercle. Les poules du passé sont semblables mais *pas identiques* aux poules contemporaines. En remontant dans le passé, les différences, d'abord infimes, deviennent considérables et finissent par nous donner la clef de l'énigme.

Grâce au cadre historique de l'évolution, nous avons résolu un problème qui paraissait insoluble. Ce succès nous suggère une démarche. Utilisant la même clef pour aborder le problème du nombre et du nombrant, nous sommes amenés à nous poser un certain nombre de questions. Quel est l'ancêtre commun, le germe conjoint du nombre et du nombrant ? Comment les deux se différencient-ils au cours du temps ? Comment coévoluent-ils pour prendre leur forme actuelle ?

Quelle forme prend le nombre quand le nombrant n'existe pas ? N'oublions pas que, dans cette forme primitive — quelle qu'en soit la nature —, le nombre est «opérationnel» depuis les temps les plus anciens de l'univers. Il y a deux cents millions d'années, la Terre, peuplée de dinosaures analphabètes, gravitait impassible autour du Soleil. Elle obéissait aveuglément à «ce» qui allait devenir les lois de Newton.

Les leçons apprises dans le poulailler nous suggèrent une analyse historique des relations entre la pensée et le cosmos. Essayons d'en établir la chronologie. On peut donner des dates à l'apparition des objets traités par les diverses sciences. Cela se présente de la façon suivante.

L'univers d'il y a quinze milliards d'années était très différent de l'univers contemporain. On peut comparer l'état de la matière d'alors à une purée indifférenciée de particules élémentaires. Cette matière antique et les forces qui s'y déploient s'étudient avec les méthodes traditionnelles de la PHYSIQUE.

Dans cette purée primitive il n'y a ni atomes ni molécules. L'hydrogène apparaît un million d'années plus tard. La chimie moléculaire doit attendre l'apparition des premiers atomes lourds. Or pour fabriquer ces atomes, il faut d'abord faire des étoiles. Puis attendre que ces étoiles achèvent leurs existences. A leur mort, elles libéreront dans l'espace la panoplie des noyaux lourds engendrés dans leur cœur torride. De ces noyaux, naîtront les premiers atomes lourds et, par leurs combinaisons, les premières molécules complexes. Au bas mot, il faut compter PLUSIEURS CENTAINES DE MILLIONS D'ANNÉES avant de voir la CHIMIE cosmique entrer dans une phase active.

Les planètes solides sont beaucoup plus récentes. Il faut d'abord fabriquer, en quantités suffisantes, les constituants chimiques de leurs socles rocheux : oxygène, silicium, fer, magnésium. Cette phase implique l'activité combinée de nombreuses générations d'étoiles. Cela prend PLUSIEURS MILLIARDS D'ANNÉES. De tels socles planétaires semblent indispensables à l'élaboration de la vie. De même, la présence d'une nappe liquide aquatique semble indispensable aux jeux des expériences prébiotiques, objets de la BIOCHIMIE.

Pour les vivants, objets de la BIOLOGIE, nos observations sont restreintes à notre planète. Ici, les plus anciens fossiles datent de trois milliards cinq cents millions d'années. A cette époque l'univers a déjà DIX MILLIARDS D'ANNÉES AU MOINS.

Quant aux premiers organismes multicellulaires (vers marins, méduses), on n'en connaît pas de vestiges dont l'âge soit supérieur à un milliard d'années (compté par rapport au présent). Au cours des ères, les animaux évoluent et se complexifient. Le système nerveux se développe. Les commandes se centralisent sous la forme d'un cerveau. D'abord rudimentaire, puis de plus en plus sophistiqué, cet organe manipule les informations du monde extérieur. Il les traite, les organise et en fabrique des images à partir desquelles il tente de se représenter le monde qui l'entoure.

Le cerveau humain, apparu IL Y A MOINS DE TROIS MILLIONS D'ANNÉES, pousse encore plus loin cet effort de représentation intérieure du monde extérieur. Il devient l'objet d'étude de la PSYCHOLOGIE. Cette discipline cherche à comprendre comment le cerveau invente les concepts et les nombres qui lui servent, entre autres choses, à étudier le comportement des particules élémentaires de la soupe initiale : objets de la PHYSIQUE.

Du coup, nous sommes reprojetés QUINZE MILLIARDS D'ANNÉES PLUS TÔT. D'où à nouveau l'image d'un manège qu'on peut parcourir indéfiniment ou d'un serpent qui se bouffe la queue. L'analyse historique nous a proprement replongés dans notre cercle...

Le cercle des connaissances est infiniment plus vicieux que celui de l'œuf et la poule. Sa perversion favorite consiste à suggérer de fausses voies de sortie, qui nous ramènent dans son giron, vite fait bien fait, au moment où on pensait mettre le pied dehors.

La remise en cause

On raconte qu'au XIIᵉ siècle vivaient trois frères appelés les princes de Sérendip. On dit que ces frères savaient tourner à leur avantage les circonstances les plus adverses. On a forgé le mot « sérendipité » pour décrire l'art de tirer profit des problèmes rencontrés. Nous tâcherons de suivre l'exemple des princes. Nous constaterons bientôt que les difficultés dans lesquelles nous sommes plongés peuvent, en fait, nous servir de guides. Elles vont réorienter notre recherche dans de nouvelles directions. Mais, avant d'y venir, revoyons brièvement le trajet parcouru.

De quel droit, avons-nous demandé, la logique et les nombres peuvent-ils prétendre épuiser la réalité ? Sur quelles bases peuvent-ils affirmer que, là où ils sont passés, il n'y a plus rien à ajouter, renvoyant ainsi l'expression poétique à sa futilité enfin démasquée ?

L'échelle d'Auguste Comte pouvait cautionner cette revendication quand la logique se présentait comme la base et la référence ultime de toutes les connaissances. Au détour de notre promenade nous avons assisté à un spectacle hautement significatif. L'échelle des sciences s'est métamorphosée en un « serpent des connaissances ». En quoi ce spectacle éclaire-t-il notre lanterne ? Quel rapport avec la question de la science et de la poésie ?

Cette métamorphose constitue une atteinte supplémentaire aux prétentions hégémoniques du langage scientifique. Le serpent des connaissances récuse la « fondamentalité » de la logique et des idées pythagoriciennes. Ces idées ont elles-mêmes une origine, qui s'étudie à partir des autres sciences.

Le cercle des sciences nous indique les limites de la démarche scientifique. Quelle que soit l'efficacité des disciplines à l'intérieur de ces limites, elles s'appuient les unes sur les autres. Elles fonctionnent « en vase clos ». Comment, dès lors, pourraient-elles prétendre épuiser la réalité et rendre caduque toute autre approche du monde ?

3. Construire

L'histoire de l'empire des nombres nous montre, à l'évidence, que la logique n'est pas posée là, définitive et inaltérable, comme ces « rêves de pierre » que chérissait Baudelaire. Bertrand Russell nous a parlé de ses difficultés internes et de sa quête éperdue de cohérence. Il faut la regarder comme un processus en devenir, toujours perfectible, toujours passible de remise en question. Comme l'univers, la logique est en perpétuelle évolution.

« Comment les nombres viennent aux humains ? » — la question lancinante nous poursuit et prend des connotations nouvelles après chaque parcours. Que devient-elle quand nous y injectons cet élément fondamental : *le nombre et le nombrant sont soumis à l'évolution* ?

Jean Piaget propose le mot « construire ». Ce mot contient à la fois « découvrir « et « inventer », mais il va bien au-delà. Il implique des éléments de construction dont l'identification sera notre objectif dans ce troisième chapitre. Vendons tout de suite la mèche : nous n'y arriverons pas. Mais cet échec va nous mettre sur une nouvelle piste, plus riche et plus prometteuse.

Cette idée de « construction « n'est pas vraiment nouvelle. Déjà, à la fin du XVIIIe siècle, Kant critique l'idée cartésienne selon laquelle nous « découvrons » les mathématiques dans notre mémoire. Il met en évidence le rôle actif du cerveau humain dans l'élaboration du savoir. Le cerveau « construit », mais à partir de quoi ?

Kant répond à cette question par une affirmation autoritaire. Il y aurait, des « données *a priori* », par exemple le *temps* et *l'espace*, ainsi que des « catégories » de l'entendement, comme la *causalité*. Ces données, préexistantes à la pensée, serviraient à organiser les perceptions des sens. De là, serait issue la connaissance scientifique.

Nous retrouvons nos interrogations antérieures. Le *temps*, l'*espace* et la *causalité* existent-ils quand il n'y a pas de cerveaux pour les penser ? Kant, il faut bien le constater, ne fait que repousser le problème. De surcroît, les développements de la physique contemporaine remettent sérieusement en question l'idée que le temps et l'espace puissent être des « données *a priori*[17] ».

Reprenons la question d'un peu plus loin. Où et quand la démarche logique a-t-elle commencé ? Quelle est son histoire ? Que savons-nous de son développement, tant au niveau de l'évolution biologique qu'au niveau de l'individu lui-même ? Quand, dans l'histoire universelle, les premiers raisonnements furent-ils formulés ?

Plusieurs disciplines scientifiques s'intéressent, de près ou de loin, à l'origine de la logique. Quatre groupes de chercheurs ont abordé ces problèmes sous des angles différents. Les *éthologistes* étudient les manifestations d'intelligence chez les animaux. Les *anthropologues* cherchent à reconstituer le comportement de la psyché humaine primitive. Les *psychologues* s'intéressent à l'éclosion de la pensée chez les petits enfants. Les *neurophysiologistes* cherchent à comprendre ce qui se passe dans un cerveau en activité.

Dans les pages qui suivent, nous irons interroger ces chercheurs. En résumé, ils nous apprendront que la logique, sous une forme rudimentaire, est en effet bien plus ancienne qu'on ne le croyait volontiers jusqu'ici. Ils nous confirmeront que, chez le primitif comme chez l'enfant, la logique se « construit » à partir d'éléments antérieurs que nous n'arriverons pas à cerner convenablement.

Nous percevrons la tentation éprouvée par certains chercheurs d'identifier ces éléments à la structure moléculaire du cerveau.

Une minute d'attention nous fera vite comprendre le piège caché derrière cette identification. Elle nous replonge dans le cercle vicieux des connaissances. Il nous faudra chercher encore ailleurs.

Les oiseaux savent-ils compter?

Rien n'est plus instructif, pour qui veut explorer les fondements de la psyché humaine, que la lecture des recherches éthologiques. L'étude de la vie des animaux nous amène à des découvertes bien étonnantes. On y recueille des informations de la plus haute pertinence. Sous une forme plus ou moins rudimentaire, on y retrouve nos activités, nos comportements et nos travers...

Avons-nous vraiment inventé l'art de manipuler les nombres? Qui le premier, sur notre planète, a su réaliser des opérations mathématiques? Il semble bien que certaines petites « cervelles d'oiseaux » nous aient depuis longtemps précédés.

Avant d'entrer dans un grenier à grains, les corbeaux s'assurent qu'il n'y a personne à l'intérieur. Si trois personnes y entrent, *ensemble ou successivement*, l'oiseau, à l'extérieur, attendra que les trois personnes en soient ressorties, *ensemble ou successivement*. On peut recommencer avec quatre, cinq personnes, ça marche encore. Certains corbeaux « forts en math » vont ainsi jusqu'à six.

Peut-on dire qu'ils savent « compter » jusqu'à six? D'un enfant qui accomplirait la même prouesse, on le dirait certainement. Certains spécialistes contestent cette affirmation, taxée de « simplisme ». Pourtant il nous faut bien admettre que, d'une certaine façon, les nombres ne leur sont pas étrangers. Ils savent s'en servir. Mais quelles formes embryonnaires prennent-ils dans leur cerveau? Comme pour la poule et l'œuf, quel est l'ancêtre qui a évolué jusqu'à prendre, dans notre tête, la forme d'un chiffre? Quels sont les moteurs de cette évolution des concepts [18]?

Ces expériences, et beaucoup d'autres, nous montrent que des « embryons » de nombres et de raisonnements sont déjà présents chez nos ancêtres animaux. Ils font partie d'un héritage qui, d'une façon mystérieuse, s'est transmis au cours des âges.

C'est à partir de ces éléments embryonnaires que notre pensée et notre logique se sont développées. Nous n'avons ni inventé ni découvert les mathématiques. Nous les avons fait éclore à partir de mystérieuses « données primitives » reçues de notre animale lignée ancestrale.

Les « cases vides »

Quand et comment la logique est-elle apparue chez l'homme préhistorique? Quel était le mode de pensée du peintre de Lascaux par exemple? Comment raisonnait-il? Ici nous tirons parti du fait que certaines communautés humaines contemporaines ont un mode d'existence semblable à celui de l'homme de Cro-Magnon. Pouvons-nous supposer que l'analogie du comportement reflète également une analogie des attitudes mentales? Que l'esprit de l'aborigène australien fonctionne comme celui de nos lointains ancêtres? Que l'observation de ce qu'il est convenu d'appeler la « mentalité primitive » des êtres humains peut nous apporter des lumières sur notre passé? Jusqu'à un certain point, oui, sans doute. Mais jusqu'où?

Les anthropologues ont amassé une abondante moisson de documents sur les modes de vies et de comportements des populations tribales dispersées sur la planète. Il est difficile pour un non-spécialiste de s'y retrouver. Je me suis intéressé surtout à l'œuvre monumentale de Claude Lévi-Strauss. Cet auteur ne craint pas de donner ici et là des interprétations personnelles, bien utiles pour le non-initié.

L'apport fondamental de Lévi-Strauss, à mon sens, c'est l'intuition que des éléments simples et familiers de la réalité humaine, comme les modes de nutrition ou de relations parentales, nous mettent en prise directe avec les processus de la psyché.

Comparant différentes tribus, il met en évidence des analogies révélatrices. Les thèmes des liens de parenté, des dominances et des tabous incestueux se retrouvent partout sur la planète. Ils ont un caractère d'universalité, assorti de particularités locales. Ainsi en est-il aussi des contes et légendes dont la mémoire se perpétue par la transmission orale. Malgré une grande diversité d'éléments propres à chaque tribu, la structure et les thèmes des récits montrent de surprenantes analogies.

A l'objection naturelle : « Mais les humains communiquent entre eux et se racontent leurs histoires », Lévi-Strauss répond pertinemment que l'important n'est pas de savoir si ces gens ont inventé — ou simplement emprunté — des légendes semblables. C'est plutôt le fait que ces légendes persistent, et s'inscrivent dans chacun des patrimoines locaux. Cette permanence des grands thèmes légendaires prouve leur ancrage dans les couches profondes de l'esprit humain.

Ces analogies manifestent, nous dit Lévi-Strauss, l'existence de structures fondamentales et universelles de notre esprit. Il parle d'un « inconscient structural » qui influencerait et modèlerait le fonctionnement de la psyché humaine [19]. On y trouverait des « cases vides » dans lesquelles les comportements seraient prédisposés à s'inscrire et à se mouler.

De ces considérations nous retiendrons l'idée de *quelque chose d'antérieur* à la pensée logique. Un héritage universel qui serait partagé et transmis d'une génération à l'autre.

Et que dit Lévi-Strauss sur l'origine de ces « cases vides » qui semblent jouer un rôle si important dans l'évolution de la psyché humaine ? Peu de chose au total. Dans *L'Homme nu* [20] il les

61

associe au «vouloir obscur qui, au long des millions d'années et par des voies tortueuses et compliquées, sut assurer la pollinisation des orchidées grâce à des fenêtres transparentes laissant filtrer la lumière».

Comment les enfants apprennent à compter

Si, faute de documents, l'origine historique de la logique humaine nous échappe largement, il reste un domaine d'étude plus facilement accessible : l'évolution psychologique des enfants. Comment les petits accèdent-ils au monde des raisonnements ?

Ici, je me suis plongé dans les œuvres de Jean Piaget. Avec ses collaborateurs et collaboratrices, Piaget a observé et interrogé une multitude d'enfants préscolaires. Par des tests astucieux, il a suivi leur évolution mentale, du plus jeune âge jusqu'à leur entrée à l'école.

On présente à un petit enfant deux verres de forme géométrique différente. Le premier, allongé comme une flûte de champagne, est plein d'eau jusqu'au bord. Le second, large et trapu, est vide. Sous les yeux de l'enfant, on verse l'eau du premier dans le second. Ce dernier est alors également rempli à ras bord. On demande : «Quel verre contient le plus d'eau ?»

Un tout-petit ne sait pas répondre correctement. La différence de forme entre les deux verres le trouble et l'empêche de trouver la solution. Puis un beau jour, ça vient. Comme ça. Sans hésiter, il dit : «pareil». Intuitivement, sans peut-être pouvoir l'exprimer, il a compris. *La forme n'a pas d'importance.*

Toute l'eau du premier verre est maintenant dans le second verre. Il y a conservation de la quantité d'eau pendant l'opération de transvasage. Cette conservation, associée au fait que les deux verres sont tour à tour exactement remplis, impose la réponse.

La notion de conservation est une des clefs de la physique contemporaine. On l'applique avec un égal succès à un grand nombre de « substances » différentes. Elle contrôle le comportement de l'énergie, des quantités de mouvements, de la charge électrique, ainsi que d'autres charges associées aux différentes forces de la nature.

Un élément remarquable de ces expériences pédagogiques, c'est la « fulgurance » qui accompagne généralement la découverte. La bonne réponse surgit d'un coup, avec souvent un intense sentiment de plaisir. Ce qui paraissait jusque-là un problème insurmontable (comment comparer des formes différentes ?) devient une « évidence » (les formes n'importent pas). En un éclair, la nouvelle donnée est comprise et acquise. Définitivement. Elle ne sera jamais remise en question [21].

Piaget et de nombreux psychologues à sa suite mettent l'accent sur l'importance du « monde extérieur », représenté ici par les verres d'eau. La logique émerge d'une interaction entre l'intellect humain d'une part, et la réalité perçue par les sens d'autre part. Coupé du monde, sans contact avec les gens et les choses, un enfant ne se développe pas. Plus encore, on sait aujourd'hui l'importance déterminante des facteurs affectifs dans la pédagogie. Le bon enseignant est avant tout celui qui, par un lien de sympathie, met d'abord l'enfant en confiance.

Tout cela, Descartes semble l'ignorer. « J'aperçois des choses qui étaient déjà dans mon esprit, quoique je n'eusse point encore tourné ma pensée vers elles », dit-il. Piaget lui répondrait avec justesse que, sans la longue relation positive que, depuis son enfance, il entretient avec le monde extérieur, il n'aurait jamais pu « apercevoir ces choses dans son esprit »

Reflets de lumière

Les « points limites »

Qu'est-ce que tout cela nous apprend sur l'origine de la logique ? Dans un livre d'entretiens de Piaget avec Jean-Claude Bringuier [22], j'ai trouvé le commentaire suivant, tout à fait dans la ligne de notre enquête (les parenthèses et les italiques sont de moi) :

« Je pense que toutes les structures (mentales, c'est-à-dire les concepts et les éléments des raisonnements) *se construisent* et que le fait fondamental c'est ce déroulement de la construction. Rien n'est donné au départ sinon *quelques points limites* sur lesquels s'appuie le reste. Mais les structures ne sont pas données d'avance ni dans l'esprit humain ni dans le monde extérieur tel que nous le percevons ou l'organisons. Elles se construisent par interaction entre les *activités du sujet* et les *réactions de l'objet*. »

Nous retrouvons ici le mot « construire ». Un mot qui relève à la fois de « *découvrir* » (on construit à partir de quelque chose qui existe déjà) et « *d'inventer* » (mais la construction n'existait pas en tant que telle). Piaget nous a fait progresser jusqu'à une nouvelle frontière, bien délimitée par l'expression hermétique : *rien* n'est donné au départ sinon *quelques points limites* sur lesquels s'appuie le reste. L'élément nouveau, par rapport à Kant, c'est : la reconnaissance de notre ignorance face *à-ce-à-partir-de-quoi* le cerveau construit. Les mots « quelques points limites », tout comme les mots « cases vides » et « vouloir obscur » de Lévi-Strauss posent plus de questions qu'ils n'apportent de réponses...

La « machinerie » du cerveau

Ailleurs, Piaget nous fait quelques confidences sur ce qu'il pense de « ces points limites ». Il nous dit son espoir que l'étude de la biochimie du cerveau puisse relier ces points limites à des phénomènes moléculaires.

On retrouve une opinion analogue sous la plume de plusieurs psychologues et critiques d'art. Freud, dans son texte *Léonard de Vinci, un rêve d'enfant*, énonce la possibilité d'une origine organique des «structures préexistantes de la psyché». Le pédagogue Arno Stern, après avoir constaté des analogies entre les peintures des enfants tribaux de Nouvelle-Guinée et ceux des petits Occidentaux, invoque comme explication l'hypothèse d'une «mémoire organique» des formes[23].

Nous le savons intuitivement, et la recherche scientifique nous le confirme, c'est dans le cerveau que ça se passe. Encastré dans sa boîte osseuse, cet organe est le siège de nos émotions et de nos raisonnements. Quel rapport y a-t-il entre la pensée abstraite et l'activité neuronale dans le volume opaque entre nos oreilles?

Allons le demander aux chercheurs qui, avec une panoplie d'instruments différents, ont tenté d'élucider le fonctionnement du cerveau[24]. Ces dernières années, de grands progrès ont été accomplis dans ce domaine[25]. Selon notre bonne habitude, nous nous questionnerons ensuite sur l'impact de ces connaissances nouvelles. En quoi ces résultats peuvent-ils nous aider dans notre parcours?

On a souvent comparé le cerveau à un gigantesque ordinateur. Il s'agit au mieux d'une pauvre comparaison, tout juste à la mesure de notre faible entendement. Nous la retiendrons pour son utilité pédagogique, tout en ne perdant pas de vue ses limites.

Le cerveau est constitué de centaines de milliards de cellules appelées neurones. Par un ensemble de connexions, chaque neurone est relié à un grand nombre d'autres neurones. Le nombre de connections possibles dans un cerveau humain est gigantesque : des milliards de milliards. Le tout rappelle effectivement le câblage serré des circuits électroniques de l'informatique.

L'activité du cerveau se manifeste par un extraordinaire crépitement d'une multitude de décharges neuronales, d'impulsions descendant le long des connexions, déclenchant des bouffées de molécules spécifiques qui propagent des signaux dont les effets vont à leur tour exciter d'autres neurones. Nous retiendrons surtout l'importance des phénomènes électriques (les impulsions émises par les neurones quand ils se déchargent) et des réactions chimiques (conditions obligées du passage d'un signal vers un autre neurone) [26].

Images mentales et décharges neuronales

Quel peut bien être le rapport entre ces décharges innombrables et la poursuite d'un raisonnement ?

Nous sommes loin, bien sûr, de pouvoir répondre à cette question. Pourtant des avancées remarquables ont été faites dans cette direction. Les raisonnements se font à partir de concepts, les concepts se forment à partir d'images et les images viennent de perceptions sensorielles. Les travaux de deux chercheurs américains, Huber et Wiesel, nous permettent de relier la perception des images au comportement individuel des neurones. C'est déjà un grand pas dans la bonne direction.

En étudiant la vision chez les chats, ces chercheurs ont montré que chaque composante d'une image est perçue par des groupes de neurones différents. Certains groupes se déchargent quand une ligne horizontale est présente dans le paysage. D'autres groupes ne réagissent qu'à des lignes verticales. D'autres encore à différentes obliques seulement.

Certains neurones ne réagissent pas si l'image est statique. Ils ne réagissent qu'aux mouvements. Les uns sont sensibles aux déplacements rapides ; les autres aux déplacements lents. Les directions des mouvements : de bas en haut, de gauche à droite, sont associées à d'autres groupes de neurones.

Tout se passe comme si le paysage était *analysé* par l'œil. Il est décomposé en différents éléments : lignes, couleurs, mouvements. Perçus par des groupes de neurones spécifiques, ces éléments — analogues aux lettres d'un alphabet dans la constitution d'un langage — sont ensuite recomposés dans le cortex cérébral.

Molécules et mémoire

Les images ainsi formées s'enregistrent dans la mémoire où elles sont mises à la disposition du cerveau associatif.

Comment ces images sont-elles stockées ? Que se passe-t-il dans votre boîte crânienne quand, à la demande, vous donnez votre numéro de téléphone ou le nom de la capitale de la Pologne ?

Plusieurs chercheurs se sont penchés sur ce phénomène. Première hypothèse : les informations sont attachées à des molécules spécifiques. La bibliothèque de nos souvenirs serait composée d'un grand nombre de structures atomiques dûment étiquetées, prêtes à resurgir, comme on va chercher un document sur des étagères. Cette idée, très populaire il y a quelques années, a été testée de multiples façons. Les résultats ont généralement été négatifs. La plupart des chercheurs ne la retiennent plus, du moins dans sa forme la plus naïve.

D'autres formes de stockage de l'information ont été proposées. Les souvenirs feraient intervenir les connexions entre les neurones[27]. Le problème reste tout entier à l'ordre du jour.

L'esprit des molécules et les molécules de l'esprit

La pharmacologie des maladies mentales nous permet d'explorer d'autres relations entre l'activité psychique et les molécules. Aux manifestations schizophréniques, par exemple, serait associée une quantité excessive d'une molécule spécifique appelée *dopamine*. On en soulage les symptômes par des injections de substances qui neutralisent l'effet de la dopamine. De même la sénilité précoce (maladie d'Alzheimer) serait reliée à une insuffisance d'*acétylcholine*.

Ainsi, la perception des images, leur stockage dans la mémoire et certains aspects de l'activité mentale peuvent être mis en correspondance avec des phénomènes électriques et chimiques au sein de la boîte crânienne. Ces découvertes de la neurophysiologie vont dans le sens de l'intuition de Piaget : l'étude de la biochimie du cerveau pourrait relier les fameux *points limites* à des phénomènes moléculaires.

De ces avancées spectaculaires est née l'idée que les molécules détiendraient le secret et l'explication ultime de tous les comportements humains, y compris la naissance de la pensée, du langage, de l'activité artistique et des angoisses métaphysiques. Elles seraient en quelque sorte la mécanique ultime de la conscience ; la substance des « points limites » de Piaget et des « cases vides » de Lévi-Strauss [28]. En France, Jean-Pierre Changeux s'est fait le chantre de cette vision moléculaire de la réalité. « L'homme n'a que faire de l'esprit », énonce-t-il triomphalement dans son livre *L'Homme neuronal* [29].

Une mythologie moléculaire

Notre analyse du cercle des connaissances nous montre l'insuffisance d'une telle idéologie. Loin de nous faire sortir du manège infernal elle nous y replonge efficacement. Car si on explique les nombres, les lois et la pensée en termes de molécules, il faut, en contrepartie, énoncer la physico-chimie des molécules en termes de nombres, de lois et donc de pensée. On retrouve immédiatement le problème de l'existence des lois et de leur rapport avec la pensée humaine. *Si l'esprit vient des molécules, les molécules viennent de l'esprit.* A Changeux on répondrait que sans « l'esprit » qu'il récuse, il ne pourrait pas nommer les « molécules » qu'il invoque. Il ne pourrait pas non plus énoncer sa proposition : « L'homme n'a que faire de l'esprit. »

On constate que, dans un demi-tour spectaculaire par rapport à la *mythologie pythagoricienne*, les découvertes scientifiques récentes ont donné naissance à une *mythologie moléculaire*[30]. Ces deux mythologies, chacune à leur façon, sont des mirages, des solutions de facilité[31]. Des tentations à éviter pour celui qui veut explorer l'origine de notre aptitude à comprendre le monde. Comme Ulysse nous devons chercher à naviguer entre le Charybde des « idées primordiales » et le Scylla des « molécules omni-explicatrices ».

Avant de terminer cette section sur la machinerie du cerveau, il faut mentionner une découverte particulièrement significative et dont on est loin d'avoir exploré toutes les implications. Notre cerveau est divisé en deux domaines distincts, situés approximativement à gauche et à droite, auxquels sont associées des opérations mentales différentes. En gros, le cerveau gauche est celui qui analyse tandis que le cerveau droit synthétise. Les mots, les concepts et les idées ont cours à gauche, tandis qu'à droite on procède par synthèse et par globalisation.

L'important ici, pour nous, c'est l'existence dans notre cerveau de *plusieurs modes* de représentations du monde. Notre savoir n'est ni limité, ni réductible à la somme des choses que nous savons, et à l'ensemble des raisonnements que nous pouvons formuler. Cette découverte peut être considérée comme une nouvelle remise en question de l'hégémonie des idées pythagoriciennes.

Où en sommes-nous?

Avant de nous engager sur de nouveaux sentiers, il convient de faire une pause et de revoir brièvement le chemin parcouru dans ces trois premiers chapitres.

Nous sommes partis de la question : la connaissance scientifique de l'univers en expulse-t-elle la poésie? La merveilleuse beauté des spectacles naturels n'est-elle rien d'autre que le déroulement de solutions aux équations mathématiques de la physique ? Peut-on encore vibrer devant la mer enflammée par le soleil couchant quand on connaît la théorie de Maxwell?

Pour questionner la légitimité de ces prétentions déplanantes d'un certain discours scientifique, nous sommes remontés deux mille cinq cents ans en arrière, au bord de la mer Ionienne, où naquit la démarche scientifique.

La découverte de l'importance des mathématiques dans le fonctionnement de la nature a donné naissance à ce que nous avons appelé la *mythologie pythagoricienne*. Les nombres sont l'ultime réalité. Les sciences se ramènent au langage des chiffres (échelle d'Auguste Comte). Le monde est une actualisation des mathématiques. Le cerveau humain les découvre déjà inscrites à l'intérieur de lui-même.

Plus tard cette belle image d'Épinal devait subir plusieurs assauts dont elle ne se remettrait jamais.

D'abord l'activité ludique de cette science. On invente une multitude de mathématiques qui ne « servent » à rien. Quelques-unes seulement décrivent le monde réel.

Deuxième source d'étonnement : les difficultés internes. Rien ne permet d'affirmer qu'un jour les mathématiques résoudront leurs problèmes et seront achevées. Face à ces faiblesses, et à ces incomplétudes, leur fantastique efficacité devient encore plus mystérieuse.

La troisième remise en question est venue de l'astronomie. La nature fonctionnait bien longtemps avant que les mathématiques ne soient formulées. En se posant la question de l'origine des concepts, Piaget fait basculer l'échelle d'Auguste Comte. La naissance de la logique est un problème scientifique. Les sciences s'appuient les unes sur les autres.

Pour nous extraire du cercle des sciences, nous avons cherché à retracer l'histoire de la pensée. Les travaux des éthologistes nous ont confirmé que nous ne sommes pas les premiers à penser. Lévi-Strauss nous a parlé des «structures primitives» de l'esprit humain et Piaget de la «construction» des concepts et des raisonnement à partir d'éléments mystérieux. Nous avons tenté de relier ces éléments à des phénomènes moléculaires en étudiant la biochimie du cerveau. Mais en prenant conscience du fait que la biochimie s'étudie par l'activité mentale, nous avons réalisé que cette démarche nous avait ramenés au cercle des sciences. Au quatrième chapitre nous irons chercher la voie de sortie dans les sentiers tortueux de la psychanalyse.

4. Les lieux de la construction mentale

A la réflexion, nous avons peut-être eu tort de reprocher à Piaget et à Lévi-Strauss le caractère flou des termes de leurs ultimes analyses (« points-limites » ; « cases vides »). Voyons-y plutôt un espoir, l'amorce d'une voie de sortie du cercle des sciences. Ne serait-il pas, en effet, paradoxal de prétendre formuler, avec des concepts clairs, une théorie de l'origine des concepts ? Peut-on expliquer la logique en termes de logique ?

Aussi, dans ce quatrième chapitre, nous irons dans une autre direction, presque à l'opposé de notre trajet précédent. Nous nous adresserons à la moins « logique » de toutes les disciplines scientifiques : la psychanalyse.

L'ouverture de la psychanalyse vers quelque chose qui n'est pas du domaine de l'intellect, mais qui, de toutes parts, entoure et borde ce domaine nous suggère une approche différente. Plutôt que de chercher (vainement) à comprendre *comment* naît la pensée rationnelle, nous allons nous demander *où* elle naît. Ce nouveau parcours va nous plonger dans les eaux opaques de l'inconscient. Nous y trouverons la source commune de la logique et de la poésie...

Comme Christophe Colomb découvre l'Amérique, Freud fait sortir de l'ombre un continent immense peuplé de pulsions primitives. Sous la mince couche de la conscience, il retrouve à l'état brut les instincts primordiaux de la vie animale : la pulsion sexuelle, la violence et l'agressivité. La psychanalyse, comme la théorie de l'évolution darwinienne, nous relie à notre ascendance biologique. Elle reconnaît, sous nos gestes de « civilisés », le lourd héritage légué par nos ancêtres. Tout ce qui fait à la fois notre richesse et notre difficulté de vivre.

Dans le cadre de notre parcours, nous retiendrons de Freud que le « dit » trouve sa source dans le « non-dit ». Le verbal dans le non-verbal. Derrière l'activité humaine, l'animant et la modulant, se laisse entrevoir une réalité obscure : le désir. Non pas le désir d'une chose : manger, faire l'amour (qui disparaîtrait avec l'assouvissement), mais un désir inassouvissable, inscrit à la racine des émotions, dans la texture même du corps, au plus profond de l'être humain. En fait un désir de retour impossible à la mère, à l'époque fusionnelle où elle et l'enfant ne faisaient qu'un. C'est dans ce monde obscur qu'il nous faut maintenant plonger !

Des cases pleines

Le psychanalyste suisse Carl Jung s'est longuement penché sur le problème de l'origine de la pensée. Selon lui, l'inconscient possède une dimension collective. Il est peuplé d'«images » universelles qui sous-tendent les pulsions motrices de l'être humain. Ces images auraient joué un rôle fondamental dans l'évolution de notre lignée.

Pour un lecteur inaverti, il est tentant de rapprocher les «images » de Jung des « cases vides » de Lévi-Strauss. Pourtant, Lévi-Strauss s'élève d'une façon véhémente contre un tel rapprochement. La différence, selon lui essentielle, réside dans le fait que ses « cases » sont vraiment « vides » tandis que celles de Jung sont « pleines ». Telle est la réponse qu'il m'a faite, quand, il y a quelques années, étonné de la vivacité de sa réaction par rapport à un rapprochement qui me paraissait naturel, je lui ai demandé quelques explications [32].

Vides de quoi ? Pleines de quoi ? Voilà précisément l'apport nouveau et fondamental de la psychanalyse à notre interrogation. L'accent est mis sur l'importance de la *charge affective* associée aux opérations mentales. Les entités fondatrices de la psyché ne sont plus identifiées à des structures formelles, mais à des éléments actifs, imprégnés d'émotivité.

Les « images » de Jung se signalent par l'énergie formidable qui peut s'en dégager. Nous avons vu, sur nos écrans, l'hystérie des foules iraniennes à la mort de Khomeiny ou encore le fanatisme des jeunes nazis, porteurs de torches et encadrés d'immenses croix gammées, prêts à mourir pour un rêve insensé. Ces documents illustrent la charge énergétique que peuvent mobiliser les images du père, du chef, de la guerre sainte, de la patrie, de la terre natale.

La logique et le corps

Pour mesurer le chemin parcouru depuis le début de notre itinéraire, rappelons que Descartes voulait, à tout prix, dissocier le corps et la logique. Nous allons maintenant en sens inverse. En mettant l'accent sur le contexte émotif où baigne le magma primordial de la pensée et de la logique, la psychanalyse nous montre combien ces réalités sont profondément ancrées dans le monde des sentiments et, par là, dans le corps lui-même.

Nous pourrions être tentés de reprendre, ici, la thèse dite « matérialiste », selon laquelle la pensée est une production du corps comme la bile est une production du foie ou votre montre une production de l'horloger. Cette thèse nous replongerait, vite fait, bien fait, dans les ornières mêmes dont nous voulons nous dégager. « Expliquer » la pensée par le corps reviendrait à faire reposer la psychologie sur la biochimie, qui elle-même, selon un air connu, repose sur la chimie, qui... Et nous serions à nouveau coincés... Une vigilance continuelle est de rigueur pour éviter le cercle vicieux des sciences...

Le ventre se serre...

Il est bien évident que le « corps » dont il est question ici n'a rien d'un concept. C'est *cela* dont nous avons l'expérience journalière et qui faisait dire à Wilhelm Reich : « Nous n'*avons* pas un corps, nous *sommes* un corps. » *Cela* grâce à quoi nous sommes au monde et y resterons aussi longtemps qu'il nous le permettra. *Cela* qui nous fait sentir, souffrir et avoir des angoisses...

Une grande leçon de la sagesse orientale, en opposition au conceptualisme occidental, c'est précisément le primat du corps réel. Le fonctionnement harmonieux de l'être humain passe par une « réconciliation » avec le corps. Voilà, je crois, l'apport fondamental du yoga, par exemple, repris aujourd'hui par les thérapies dites « californiennes » : bioénergie, gestalt, etc.

Le psychanalyste le sait, qui se trouve journellement confronté à la souffrance provoquée par l'écartèlement du corps et de l'esprit. J'aimerais citer ici un beau texte d'Elie Humbert[33]. Il y exprime ce qu'il vit lui-même et ce qu'il sent chez ses analysants.

« Le corps existe et l'esprit ne sait pas ce que ça veut dire. Il ne trouve rien par rapport à quoi comprendre cette existence et il s'interroge sur son sens...

C'est le corps qui meurt et qui pose par là l'évidence de l'existence. C'est l'esprit qui interroge et se trouve entraîné au-delà de ses réflexions habituelles. Il ne va plus d'un signifiant à l'autre pour comprendre les enchaînements qui tissent la réalité. La question a changé de plan, car elle est cette fois liée au corps. Elle est devenue l'expérience de ce qui n'est pas là mais que tout mon corps donne à sentir. Il ne s'agit plus de réflexion mais de contemplation et d'angoisse.

Le ventre se serre, tout le corps souffre ; il peut même tomber malade et on appelle cela "angoisse métaphysique". L'expression dit qu'une des plus hautes activités de l'esprit creuse le ventre et secoue l'organisme. »

La terreur du « non-moi »

Qu'est-ce que tout cela nous apprend sur l'origine de la pensée dans l'être humain ?

Plutôt que de le demander à Freud — il n'a étudié la phase infantile des humains qu'au travers des névroses de l'âge adulte —, nous questionnerons des chercheurs comme Melanie Klein, Winnicott et Françoise Dolto [34]. Ces psychologues se sont intéressés aux enfants eux-mêmes. Prenant en considération la composante affective du problème, ils ont correctement identifié l'endroit où tout cela se passe.

L'élément extérieur qui amorce l'activité mentale chez l'enfant, c'est tout simplement la « réalité ». Mais dans ce qu'on peut appeler sa *dimension d'effroi*. Pour exister nous avons appris à gommer les aspects terrifiants du monde réel. Ils nous reviennent parfois et nous sautent à la figure, face à la souffrance, à la mort, à l'horreur sous toutes ses formes. Il suffit de lire les journaux et de regarder certains reportages télévisés. Cela nous vient du Liban, de Roumanie, d'Afrique du Sud, etc. C'est de cette dimension-là de la réalité dont il va être maintenant question.

Les poètes sont ceux qui gardent les yeux ouverts. Écoutons Michèle Lalonde, poétesse québécoise [35] : « La réalité est irréductible au langage. La considérer avec un certain effroi, mêlé d'orgueil, comme matière en fusion et en fuite, magma existentiel, chaos permanent. »

L'événement fondamental de notre existence, nous dit Winnicott, c'est *la rencontre avec la réalité*. Cette rencontre est la source de toutes les angoisses; le drame majeur de la vie humaine. « Aucun être humain, dit-il, ne parvient à se libérer de la tension suscitée par la mise en relation de la réalité du dehors et de la réalité du dedans. L'acceptation progressive de la réalité est une tâche sans fin. »

Le télescope succède à l'ours en peluche

A la naissance, l'enfant est en fusion complète avec sa mère. Il vit dans un cocon qui l'isole du monde extérieur. La confrontation progressive avec la réalité va constituer la trame et le drame de son existence.

Ici se place une découverte fondamentale de Winnicott. La rencontre de la réalité du dedans et de celle du dehors se fait dans un *territoire mitoyen entre le moi et le monde extérieur*. Dans cette aire intermédiaire, l'enfant peut *agir* sur la réalité, la remodeler, la recréer. C'est par cette activité qu'il peut en exorciser la dimension d'effroi.

Le mot clef ici c'est le *jeu*. Winnicott nous parle de « l'aire de jeu du petit enfant "perdu" dans son jeu ». Avec son ours en peluche, ou sa poupée en chiffon, « il se soulage de l'angoisse devant le monde extérieur et de la tension créée par la nécessité de s'y confronter [36] ».

Winnicott oriente notre regard vers cette aire de jeu où, en réponse à la tension engendrée par la rencontre avec le monde, se manifeste l'inventivité et la créativité de l'être humain. Fertilisée par cette tension, elle devient le lieu de toutes les activités psychiques. Le télescope ou le pinceau y prennent la place du jouet en peluche. Dans ce jardin fleurissent, pêle-mêle, les religions, les arts et les sciences.

Chacune de ces activités remodèle à sa façon la réalité extérieure et rend la vie vivable. Chacune a un rôle bien défini dans cette immense entreprise de « reconstruction » par laquelle l'être humain peut affronter avec succès le monde extérieur et vivre pleinement son existence terrestre.

Certains enfants n'y arrivent jamais et s'enferment dans leur « autisme ». Pourquoi ? Les psychanalystes nous signalent le rôle fondamental de la mère. En favorisant l'avènement de cette aire de jeu, elle seule peut rendre tolérable l'angoisse de solitude provoquée par la séparation [37].

En peu de mots, la psychanalyse nous a conduits à rechercher l'origine de la pensée hors de la pensée elle-même. Elle nous a montré le lieu, le cadre et les modalités de l'apparition de l'activité mentale. Nous y avons découvert l'existence d'une zone éminemment fertile où se fait la rencontre de l'être humain avec le monde extérieur. Une arène de jeu où le moi reconstruit une réalité, dans laquelle il peut affronter la « terreur du non-moi » et vivre pleinement. La créativité est pour Winnicott le critère d'une vie réussie.

Le nom des fleurs

Dans le cadre de notre interrogation, nous avons glané un renseignement particulièrement illuminant. *C'est dans le même terreau, imbibé des angoisses enfantines, que naissent ensemble l'activité scientifique, poétique et religieuse.*

Ces trois sœurs, jumelles par leur origine, sont destinées à la même tâche : la reconstruction du monde. Tout au long des pages qui précèdent nous avons contesté les prétentions de la première à supplanter la deuxième. Dans les pages qui suivent, j'essaierai de dire en quoi leur méthodes diffèrent tout en se complétant.

En déchiffrant le comportement de la nature, la science réussit, jusqu'à un certain point, à conjurer l'effroi. Elle rassure.

Le tonnerre et les comètes ne nous effraient plus. Nous sommes toujours impuissants devant la violence destructrice des ouragans, mais nous sommes en mesure de prévenir les populations menacées. Des maladies, autrefois mortelles, peuvent être prises en charge par la médecine.

Pour atteindre son but, la science est à l'écoute des faits. Elle s'impose le contrôle des expériences en laboratoire. La réalité qu'elle recrée — en termes de théories et de lois — doit obligatoirement reproduire les observations. Cette contrainte lui donne sa crédibilité, mais aussi ses limites expressives. Les mots y sont utilisés pour échanger des informations.

Par souci de rigueur et de précision, le scientifique doit s'exprimer avec des mots clairement définissables, dénués de toute ambiguïté. Il donne à ses phrases la construction logique impeccable qui assure une transmission optimale des informations.

Un quasar s'appelle : « 0957 + 51 ». Ce nom est à la fois précis et pratique — il donne la position de l'astre en coordonnées célestes. En contrepartie, il est dépourvu de connotation affective. Il ne fait pas rêver... C'est le prix à payer pour obtenir des renseignements utilisables [38].

La poésie utilise le langage dans un but différent. Un poème japonais (haïku) en donne une excellente illustration.

> J'ai vu une herbe folle
> Quand j'ai su son nom
> Je l'ai trouvée plus belle.

La beauté est une expérience du monde. Elle implique à la fois la réalité extérieure et celui qui la perçoit. Elle prend ses assises dans ce territoire mitoyen dont nous parle le psychanalyste. En mettant des mots sur la réalité, la poésie enrichit notre rapport avec les choses. Elle nous les fait voir *autrement*. Elle nous les fait *voir*, tout simplement. A être nommée, la fleur *devient* plus belle.

Les couchers de soleil ne sont plus jamais les mêmes à celui qui connaît les vers de Baudelaire :

Les soleils couchants
revêtent les champs
les canaux, la ville entière
d'hyacinthe et d'or
le monde s'endort
dans une chaude lumière.

L'hyacinthe, l'or et la chaude lumière s'associent et accompagnent pour lui ces moments où le soleil se couche.

Le «clash» des mots

Pour atteindre son objectif, la science se doit d'être frileuse dans sa façon d'utiliser le langage. La poésie s'en sert d'une façon plus dynamique, plus inventive. Contrairement au scientifique, le poète affectionne les mots ambigus, foisonnant de sens multiples, chargés de connotations accumulées au cours des âges. Il altère l'ordre habituel des mots ; il les choque les uns contre les autres, comme des pierres dont on fait jaillir des étincelles. Détournant les concepts de leur rôle, juxtaposant d'une façon inattendue des termes qui ne vont pas ensemble, il fait naître des images, des impressions, des émotions inconnues, une nouvelle expérience du monde.

Dans l'espace créé par le dépaysement, un éblouissement naît où se laisse percevoir un «sens» nouveau, irréductible aux mots qui l'ont produit. A l'inverse du discours scientifique, *moins le poème a de signification* — au sens traditionnel du terme —, *plus il a de chance de faire «sens»*. «La mer crédule comme un liseron», écrit René Char. Relisez ce vers et laissez monter…

La poésie est un sentier différent vers le magma obscur de la réalité. Elle accroît les capacités d'expression du langage. Au-delà de l'utilitaire, elle trouve de nouvelles voies pour exprimer le monde, pour en scruter les richesses inexplorées. Sur le mode ludique, elle crée des réalités inédites.

Le langage scientifique est éminemment adapté à l'*analyse* des faits réels. Mais, pour donner un regard d'ensemble, pour *embrasser un sujet dans la totalité de ses facettes*, le langage poétique est tellement plus efficace. J'en ai fait récemment l'expérience. Ayant terminé mon livre sur l'histoire de l'univers, j'ai longtemps cherché un titre approprié. Les mots de mon premier choix : «évolution cosmique» sont précis, plats et sans résonances. Je les ai pris pour sous-titre. Comme titre, j'ai adopté le vers de Valéry *Patience dans l'azur*, tellement plus évocateur.

Sur ces sentiers de l'impensable, la musique va plus loin encore. Elle utilise des objets sonores dépourvus de sens conceptuel. Avec la logique elle a en commun la construction d'édifices régis par des règles souvent strictes et rigoureuses. Mais elle possède en supplément l'art de créer des émotions nouvelles.

L'abîme d'impensé

«Magma existentiel, chaos permanent, écrit Michèle Lalonde, la réalité est irréductible au langage, indifférente au Logos. » Je ne sais pas s'il faut suivre la poétesse jusque-là. Posons la question autrement : pouvons-nous affirmer qu'il n'y a aucun rapport entre la nature profonde des choses et ce que nous pouvons en connaître et en dire ? Est-il correct de penser, comme elle, que : «Tout écrivain digne de ce nom travaille dans l'illusion et l'intention mégalomane de cerner la réalité et ne réussit, en fait, qu'à préciser son rapport à elle et à prendre très exactement position [35] » ?

On peut certes en douter. Car il faudrait alors renoncer à comprendre pourquoi les mathématiques (certaines mathématiques)

Les lieux de la construction mentale

ont une telle efficacité pour décrire certains aspects du monde réel [39].

Si, au contraire, on recherche l'origine des idées dans une réalité inatteignable par l'intellect seul mais *pressentie* par le corps et voisine de ce que les psychanalystes appellent « l'inconscient », alors on ne peut plus parler d'indifférence. Ce que nous disons des choses révèle quelque chose de leur nature profonde, tout comme la partie émergée de l'iceberg manifeste la présence de la masse invisible submergée.

Cela, pourtant, suffit-il à rendre compte de la formidable efficacité des lois de la physique? De nombreux auteurs se sont penchés sur cette question. Avouons-le franchement, aucune réponse vraiment satisfaisante n'a jusqu'ici été apportée... Nous sommes réduits à de vagues intuitions, plausibles mais improuvables.

En peu de mots comme en beaucoup, tous ces auteurs tiennent à peu près le même discours. On peut l'exprimer par les phrases suivantes. Le cerveau humain est un des fruits de l'évolution cosmique. Son élaboration est gouvernée par l'action des lois de la physique sur la matière universelle. De là lui viendrait son aptitude à formuler les principes autour desquels, et grâce auxquels, il s'est structuré [40].

Autrement dit, à la phrase : *l'univers nous est intelligible parce que nous sommes intelligents*, nous pourrions ajouter : *nous sommes intelligents parce que l'univers est intelligible*.

De telles affirmations paraîtront bien peu convaincantes aux esprits épris de rigueur. Elles sont improuvables et « infalsifiables », comme dirait le philosophe Karl Popper. Pourtant on peut penser que, d'une certaine façon, elles correspondent à la réalité.

L'intelligibilité repose la question de l'existence de l'organisation dans l'univers. Pourquoi n'est-ce pas le chaos? Mais qu'est-ce que le chaos? Comment pouvons-nous même parler de chaos? Cette question nous confronte aux limites de notre langage. On ne peut parler de chaos qu'après l'avoir défini. Et on ne peut le définir qu'à partir de l'idée d'ordre, ce qui nous

83

remet dans le domaine de l'intelligible. Le « chaos » tout comme le « néant » échappent à toute intelligibilité[41].

Que pouvons-nous dire de plus ? Simplement se pencher sur le bord de l'abîme « d'impensé », dans les profondeurs duquel, mystérieusement, sont apparues et la rationalité et la poésie[42]. Le vertige suscité par ce regard relativise notre rapport aux concepts. Il nous protège contre la tentation des certitudes et l'hégémonie de la pensée logique.

On comprend mieux dans cette optique les phrases de Jacques Lacan :

> Je dis toujours la vérité,
> pas toute,
> parce que toute la dire,
> on n'y arrive pas,
> les mots y manquent
> C'est même par cet
> impossible
> que la vérité tient au réel.

Autrement dit : derrière ce que les mots nous donnent à saisir de la réalité, on devine, perpétuellement mouvantes, des strates irréductibles à l'intelligibilité. La rationalité seule ne suffit pas à nous en rendre la substance. Pour percevoir clairement les couchers de soleil sur l'océan il faut mettre en œuvre *toutes les facultés de l'âme*. C'est le message de Schiller :

> « *The full mind is alone the clear.* »

deuxième partie

Papillons au-dessus d'un champ de colza

science et liberté

5. Papillons et lois de la physique

> Le vierge, le vivace et le bel aujourd'hui
> Va-t-il nous déchirer avec un coup d'aile ivre ?
> Ce lac dur oublié que hante sous le givre
> Le transparent glacier des vols qui n'ont pas fui.
>
> *Le Cygne*, Stéphane Mallarmé.

Le jaune acide d'un champ de colza illumine le printemps. Deux papillons volent, nonchalants, au-dessus des broussailles. Maintenant ils sont trois, deux jaunes et un blanc. Ils tournent, virevoltent et montent lentement dans le ciel. Très haut, le troisième les quitte. J'arrive à peine à les suivre du regard. Ils s'en vont vers le Soleil et disparaissent dans l'éclat d'un nuage blanc.

« L'univers est l'ensemble de ce qui arrive », écrit le philosophe viennois Wittgenstein. La réalité est tissée de ces événements singuliers qui donnent à l'aujourd'hui sa vivacité.

Le « moment présent » pose problème aux penseurs scientifiques. Pendant longtemps on cherche à nier l'« aujourd'hui ». On l'enferme dans une succession de carcans. Au nom du « déterminisme », on lui refuse sa virginité ; au nom du « hasard », on récuse sa vivacité. De toute façon, il est en « sursis ». Il n'en a plus pour très longtemps. Il est irrémédiablement condamné à la « mort thermique ».

Par une révolution conceptuelle comparable en importance à celle de la relativité ou de la physique quantique, les scientifiques de notre siècle sont maintenant en mesure d'apprécier le

« moment » à sa juste valeur. Ils se sont réconciliés avec l'imprévisible, l'inédit, et, en définitive, avec la notion de liberté.

Paraphrasant Mallarmé et son cygne prisonnier des glaces, on peut dire que le dégel est venu et que l'«aujourd'hui» a enfin reçu le «coup d'aile ivre» libérateur [43].

Dans les trois chapitres qui suivent, je vais tenter de raconter les temps forts de cette évolution. Plusieurs éléments y jouent un rôle de premier plan : l'élaboration des «théorie du chaos», la découverte de l'expansion de l'univers, le développement de l'informatique, et la construction des ordinateurs ultrarapides. Grâce à l'action combinée de ces divers éléments, nous sommes en mesure d'apprécier dans sa singularité propre le vol des papillons jaunes au-dessus du champ de colza.

Le message de Démocrite

«Tout arrive par *hasard* et par *nécessité*», écrivait le philosophe grec Démocrite, il y a deux mille cinq cents ans. La formule allait faire fortune. Elle définissait les deux pôles majeurs autour desquels différentes écoles allaient se situer tout au long de l'histoire de la pensée.

«Tout est nécessité» impliquerait que, par un ensemble de lois dictatoriales, les phénomènes de la nature et les événements de notre vie seraient inéluctablement déterminés à être ce qu'ils sont, reléguant toute impression de liberté au monde de l'illusion. «Tout est hasard» impliquerait au contraire l'absence totale de détermination. Le règne absolu du fortuit et de l'imprévisible.

Démocrite, astucieux penseur, s'est contenté de juxtaposer ces deux pôles par un perfide «et». Il laisse à ses lecteurs la tâche d'élucider comment le «hasard» et la «nécessité» *coexistent* dans le monde réel. Il a fallu plus de deux millénaires pour arriver à résoudre ce problème !

Les belles heures du pôle « nécessité »

Dans l'histoire des sciences, le pôle « nécessité » a connu ses heures de gloire aux XVIIe et XVIIIe siècles, grâce à la découverte de la mécanique céleste. A cette gloire se rattachent les noms de Newton et de Laplace.

On peut calculer la position des astres, aussi bien dans le passé que dans l'avenir. Aux yeux des « mécaniciens du ciel », le système solaire devient une superbe mécanique, un mouvement d'horlogerie admirablement réglé pour l'éternité.

Au siècle des Lumières, les succès de la théorie de la gravitation universelle donnent à l'esprit humain l'ivresse de sa propre puissance. Les lois de Newton semblent pouvoir servir de modèle à tous les domaines de la réalité. La nature tout entière sera mise en formules. Circonscrit par des équations mathématiques, l'univers deviendra transparent à l'investigation humaine.

Victime des conquêtes newtoniennes, le « temps » est mis à mort. Le moment présent n'est qu'un point banal dans le déroulement sans surprise d'une « durée » réduite à l'état de paramètre mathématique. Le passé et l'avenir sont enfermés dans le réseau des équations différentielles. A qui sait calculer, les mystères du monde se dissipent comme, au soleil levant, les brumes matinales. Personne mieux que Laplace n'a chanté l'événement. On en trouvera le texte en note à la fin du livre[44].

Si, au sujet du vol léger des papillons au-dessus du champ de colza par un beau matin de printemps, on avait demandé au marquis de Laplace les questions suivantes : « Cet événement devait-il nécessairement se produire ? » et « Aurait-il pu être prévu dans ses moindres détails ? », qu'aurait-il répondu ? Dans la logique de sa vision du monde, il aurait vraisemblablement répondu deux fois « oui ».

L'hégémonie du pôle « nécessité » peut séduire l'esprit humain. Mais ce qu'il offre est un spectacle bien terne. Sous son égide, les adjectifs : « inattendu », « imprévu », « inédit », tout comme les substantifs « inventivité » et « créativité » appartiendraient au pur folklore. Ils devraient être implacablement éradiqués du vocabulaire scientifique. Ainsi en serait-il des mots « liberté » et « fantaisie ». Le hasard serait démasqué. On n'y verrait qu'un aveu d'ignorance, un manque de diligence à utiliser à fond l'énorme efficacité de l'esprit humain.

Dans leur splendeur solennelle, les orbites planétaires, irrémédiablement et inlassablement parcourues, sont, en un certain sens, des images de monotonie, d'ennui et de désespérance. Elles illustrent abondamment la pauvreté du pôle « nécessité pure[45] ». Elles sont difficiles à réconcilier avec l'inventivité de la nature. Elles cadrent mal avec la richesse et la diversité des formes que la réalité ne cesse d'engendrer tout au long des ères.

Les belles heures du pôle « hasard »

Grâce au développement de la biologie à la fin du siècle dernier, le pôle « hasard » a eu lui aussi ses heures de gloire. Avec la théorie de l'évolution, on a redécouvert l'importance de l'aléatoire.

On appelle « sélection artificielle » l'acte par lequel un éleveur d'animaux choisit et mène à la reproduction les meilleurs sujets de son cheptel, afin d'en améliorer la qualité. Le génie de Darwin a été d'imaginer qu'un phénomène analogue se passe dans le cadre de l'évolution naturelle.

Contrairement au cas de la sélection artificielle, le moteur de cette « sélection naturelle » n'est pas le choix intelligent de quelque instance supérieure. Selon la biologie contemporaine, il faut y voir l'action aveugle d'un ensemble de mutations génétiques aléatoires. Certaines mutations peuvent augmenter la probabilité d'atteindre l'état adulte et d'avoir des rejetons. Par là un individu peut transmettre cette acquisition avantageuse à ses propres enfants. Ainsi sa lignée deviendra plus nombreuse.

Dans cette optique, l'évolution biologique est souvent perçue comme une immense loterie à la gloire du dieu « hasard ». Un brillant biochimiste de notre époque définit la « vie » comme « le résultat d'une longue série d'accidents ». Pour un autre, la vie « n'est qu'une fluctuation physico-chimique qui dure depuis trois milliards et demi d'années ».

Le biologiste Jacques Monod a largement popularisé cette image en France. Le titre de son livre, *Le Hasard et la Nécessité*, met sur le même pied les deux pôles évoqués par Démocrite, mais ne les traite pas également. Le « hasard » l'emporte largement sur la « nécessité ». Rien, écrit-il, ne prédestinait la vie à apparaître sur la Terre, et l'être humain à émerger du monde animal. Les deux phénomènes, selon lui, étaient infiniment improbables. Le « hasard », seul, en a décidé.

Le fouillis des paysages aléatoires

La raideur froide des orbites planétaires nous a servi à illustrer la monotonie des paysages régis par la pure nécessité. Mais quel spectacle pourrait fournir une nature uniquement livrée au hasard ?

Strictement parlant, la question, bien sûr, n'a pas de sens. Les lois de la physique ne tolèrent pas d'infraction. Pourtant, on connaît des situations où leur intervention est minime. Les éléments de certains paysages sont, à toutes fins pratiques, abandonnés au hasard.

La distribution des cratères météoritiques à la surface de la Lune ou de Mercure nous en fournit un bel exemple. Les dimensions des météorites tombant sur une surface planétaire, tout comme leurs angles de chutes, n'obéissent à aucune loi particulière. La répartition des cratères est parfaitement aléatoire. Elle offre une image de fouillis. (Voir hors texte, figure 1.)

L'esprit humain n'y trouve rien à quoi s'accrocher et se complaire. Tel est l'aspect d'un paysage façonné par le seul hasard.

Le monde microscopique des poussières interstellaires nous en offre un second exemple. Dans les débris d'étoiles explosées, des grains de poussière se forment à partir des atomes d'oxygène et de silicium éjectés du brasier stellaire. Dispersés dans l'espace, ces grains sont bombardés pendant des millions d'années par les «rayons cosmiques» de notre galaxie.

Le rayonnement cosmique est constitué de particules — généralement des protons et des électrons, mais aussi en plus faible quantité des noyaux d'atomes plus lourds — accélérées à des vitesses approchant celle de la lumière. Quand une de ces particules frappe un grain de poussière, elle y pénètre profondément. Elle creuse dans la roche un minuscule tunnel[46].

Au laboratoire, ces grains se laissent «développer» comme une émulsion photographique. Sur certains grains, l'intensité du bombardement a été particulièrement élevée. Les tunnels se chevauchent et forment un fouillis indescriptible. Comme dans le cas de la surface lunaire, cet enchevêtrement microscopique illustre pour nous l'effet des phénomènes aléatoires. (Voir hors texte, figure 2.)

Comme les raideurs des enfants de la pure nécessité, le fouillis des enfants du pur hasard nous montre à quel point ces deux pôles, pris séparément, sont incapables de rendre compte de la richesse et de la splendeur du monde réel. Pour comprendre l'avènement, dans l'univers, de structures toujours plus organisées et plus performantes, il nous faut chercher plus loin.

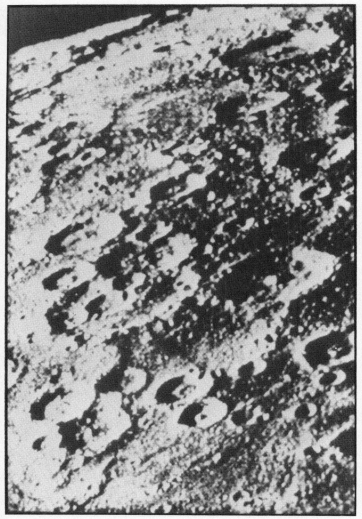

Figure 1 : la surface de la Lune, criblée de cratères météoritiques.

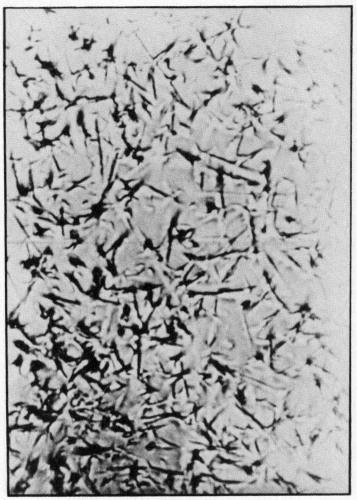

Figure 2 : cristal météoritique bombardé par les rayons cosmiques.

La réconciliation

Aujourd'hui, grâce au développement des théories scientifiques et du calcul numérique, nous avons résolu le problème implicitement posé par l'affirmation de Démocrite. Le « hasard » et la « nécessité » sont tous les deux indispensables à la croissance de la complexité cosmique. Nous connaissons les modes de leur coexistence pacifique et de leur interaction fructueuse. Nous pouvons délimiter leur rôles respectifs dans cette vaste entreprise de structuration de la matière cosmique.

Le règne des lois physiques n'a pas été remis en cause. La législation demeure, mais son pouvoir exécutif est beaucoup moins étendu qu'on ne le croyait au XVIIIᵉ siècle. Notre aptitude à connaître le futur en est profondément affectée. Le marquis de Laplace n'aurait jamais pu prévoir le regard curieux qu'une sittelle vient de me jeter par la fenêtre ouverte de mon bureau.

Cette indétermination partielle des événements est le terrain de jeu de la nature. C'est là qu'elle est en mesure de créer de l'inédit. C'est dans cet habitat naturel qu'on rencontre la liberté.

Les théories du chaos

Voyons cela de plus près. Pourquoi le rêve de Laplace est-il utopique ? Qu'est-ce qui a changé depuis le siècle des Lumières ?

Peu de chose, en vérité, mais des choses qui comptent. Laplace nous dit que, pour connaître l'avenir, il *suffirait* de « connaître toutes les forces dont la nature est animée et la *situation res-*

pective des êtres qui la composent ». C'est là que le bât blesse. Ce programme est impossible à réaliser.

Au cours des dernières décennies, de nombreux chercheurs se sont penchés sur ce problème. L'ensemble de leurs travaux porte le nom plus ou moins adéquat de « théorie du chaos déterministe ». Pour les apprécier correctement, il nous faut d'abord nous familiariser avec un certain nombre d'expressions nouvelles comme : « sensibilité aux données initiales », « dépendance linéaire », « dépendance non linéaire », « horizon prédictif ».

La situation peut être illustrée par un exemple simple : le comportement des horloges. Toutes les horloges ne marquent pas le temps avec une précision égale. Certaines sont beaucoup plus fiables que d'autres. Nous allons étudier trois cas différents.

Imaginons d'abord une horloge idéale qui marquerait le temps avec une fiabilité parfaite. Il faut d'abord la mettre à l'heure. On téléphone à « l'horloge parlante ». Elle nous donne l'heure à une seconde près : « Il est trois heures, vingt-six minutes, trente secondes. »

L'incertitude de notre connaissance du temps au moment où on met l'horloge en marche est « de plus ou moins une seconde ». La *donnée initiale* à inscrire sur notre horloge est : « Il est trois heures, vingt-six minutes, trente secondes, plus ou moins une seconde. »

Dans le cas d'une horloge de fiabilité parfaite, cette incertitude ne change pas. Vingt-quatre heures plus tard, elle marque l'heure avec la même précision (plus ou moins une seconde). Il en sera encore ainsi après deux, trois, quatre jours, etc.

Dans le monde réel, aucune horloge ne suit le temps avec une telle fiabilité. Dans la notice d'emploi, les horlogers annoncent la fiabilité de leur produit. Prenons le cas d'une *deuxième* horloge dont la fiabilité est *d'une seconde par jour*. A la fin du premier jour le temps nous sera connu à deux secondes près. (Une de ces secondes provient de la donnée initiale, l'autre de la marge de fiabilité.)

Si on ne remet pas l'horloge à l'heure, notre incertitude sur la connaissance du temps croît « linéairement » avec le temps. Le mot « linéairement » ici veut dire simplement qu'elle double chaque fois que la période considérée devient deux fois plus grande. Après deux, trois, quatre jours, l'incertitude de notre deuxième horloge sera de trois, quatre, cinq secondes, etc. — en plus ou en moins.

Pour notre *troisième* horloge, nous allons supposer qu'au lieu de rester constante comme dans le cas de la deuxième (une seconde par jour), la marge de fiabilité double *à chaque jour* (une seconde après le premier jour, deux secondes après le deuxième, quatre secondes après trois jours, huit secondes après quatre jours, etc.). Il s'agit alors d'une croissance *non linéaire*.

Combien de jours faudra-t-il avant que l'incertitude atteigne douze heures ? Réponse : moins de seize jours. Seize jours après la mise à l'heure initiale, notre horloge fictive nous donnera l'heure à douze heures près. Elle sera parfaitement inutile.

Ce calcul va nous servir à introduire une notion clef de cette discussion : *l'horizon prédictif*. C'est la *durée temporelle au-delà de laquelle, dans un contexte donné, on ne peut plus rien prévoir, rien affirmer.* On dira que l'« horizon prédictif » de cette troisième horloge est de seize jours.

J'ai illustré, dans le dessin de la page 96, les comportements de nos trois horloges. Les incertitudes sont représentées par les « parts de tartes » hachurées. L'heure réelle est située quelque part dans ces zones. Pour les besoins de l'illustration, j'ai remplacé « plus ou moins une seconde » par « plus ou moins une heure ». Ainsi, dans les dessins de la colonne de gauche, l'heure réelle est comprise entre onze heures et une heure.

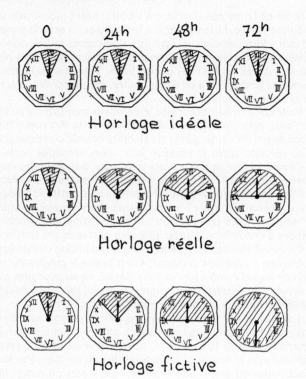

Sensibilité aux données initiales

Ces horloges vont nous servir à comprendre une notion cruciale pour notre exposé : la « sensibilité aux données initiales ». Ici la donnée initiale est la mise à l'heure, avec une précision de plus ou moins une seconde. Nos trois horloges n'ont pas la même sensibilité à cette donnée initiale. Cette sensibilité se reflète sur leur horizon prédictif.

La première horloge n'augmente pas l'incertitude introduite par la donnée initiale, la deuxième l'augmente « linéairement », la troisième l'amplifie d'une façon si dramatique que, après peu de temps, on ne sait plus rien.

Le mode d'amplification (non linéaire) de cette dernière horloge la rend très « sensible » à la précision des données initiales. Si on lui donne l'heure à un millième de seconde près, son horizon prédictif s'étend à 26 jours. Avec le millionième de seconde, on atteindra 36 jours. On pourrait atteindre trois mois à condition d'avoir une précision initiale de 10^{-43} secondes (1/10 000 000 000 000 000 000 000 000 000 000 000 000 000 000).

C'est la limite. A cause des effets quantiques, il est impossible de donner l'heure avec une précision supérieure à celle-là [47]. Cette limite en retour nous donne l'horizon prédictif absolu de notre troisième horloge : trois mois.

Des lois et des horloges

Comme les horloges, les lois de la physique ont un « horizon prédictif ».

Ces lois s'expriment par des *équations mathématiques*. Ces équations nous disent comment les objets décrits par la physique *changent* avec le temps. Si on connaît l'état de ces objets (température, champs électriques, etc.) à un moment donné, les lois nous disent quel sera leur état au moment suivant. Elles nous renseignent sur la *différence* entre l'instant présent et l'instant suivant. Pour cette raison, on les appelle « *équations différentielles* ».

Les mêmes mots peuvent être utilisés pour décrire le compor-

97

tement des horloges. Elles nous disent, en unités conventionnelles (heures, minutes, secondes), comment «l'heure-qu'il-est» change avec le temps. Elles nous indiquent la *différence* entre l'instant présent et l'instant d'après. En ce sens, les horloges et les équations différentielles fonctionnent de la même façon.

A condition de bien connaître le présent, les équations de la physique nous disent ce que sera le futur immédiat. Cette connaissance peut être ensuite utilisée pour évaluer ce qui arrivera à l'instant suivant. Telle était la recette de Laplace. Pendant longtemps, on a pensé que cette recette allait nous permettre de prévoir *tout* l'avenir. Aussi bien les futures éclipses de Soleil que les grandes migrations des oies sauvages au-dessus de la toundra arctique quand les jours recommencent à s'allonger.

Nous retrouvons la situation des horloges. Notre connaissance du présent est forcément imparfaite. Il nous est impossible de savoir avec une précision infinie où est la Lune à un instant donné. Nos télescopes nous donnent sa position avec une certaine incertitude. On dira : la Lune est dans telle direction à *plus ou moins* un millième de seconde d'arc, par exemple. On retrouve ici le problème de la sensibilité aux données initiales.

Considérons par exemple le mouvement de la Terre autour du Soleil. Ignorons pour l'instant la présence des autres corps du système solaire. Au XVIIe siècle, Newton a formulé l'équation qui décrit ce mouvement. Cette équation est linéaire (nous verrons un peu plus loin le sens exact de ce terme). Comme notre deuxième horloge, cette équation dépend peu de la précision des données initiales. Elle serait en mesure de suivre indéfiniment la position de la Terre.

Mais il n'y a pas que le Soleil et la Terre dans le système solaire. D'autres planètes existent, qui influencent le mouvement terrestre dans l'espace. Il faudrait, en principe, en tenir compte et les inscrire dans les équations du mouvement. En fait, ces planètes sont beaucoup moins massives que le Soleil. Aux échelles de temps qui nous intéressent leur influence est faible. A toutes fins pratiques, on les ignore.

La situation ne serait pas la même si Mercure et Vénus, par exemple, étaient beaucoup plus massives. On les inscrirait dans les équations du mouvement qui deviendrait, en conséquence, *non linéaire*. Leur sensibilité aux données initiales serait du type de notre troisième horloge. L'horizon prédictif — au-delà duquel toute prévision des éclipses deviendrait impossible — serait très bref. On parle alors d'orbites chaotiques[48].

Des cas semblables existent dans le système solaire. Les explorations des sondes Voyager ont montré que certains satellites de Saturne, gravitant au voisinage des anneaux, ont des orbites passablement fantaisistes, parfaitement imprévisibles.

De cette analyse, nous retiendrons que seules les équations linéaires (*peu* sensibles aux données initiales) permettent de prévoir l'avenir à long terme. D'une façon générale, la sensibilité aux données initiales augmente rapidement avec le nombre de corps en interaction[49]. Or dans la quasi-totalité des problèmes concrets, ce nombre est suffisamment élevé pour assurer aux équations une grande sensibilité aux données initiales.

La chance (ou la malchance...) des mécaniciens du ciel, c'est d'être tombés sur les *très rares* exceptions à cette règle. De là vient leur enthousiasme prématuré pour les capacités prédictives des sciences. Dans le monde concret, le nombre des « états futurs » qui se prêtent à une évaluation à long terme est infime. La prévision des éclipses est malgré tout d'un intérêt relativement limité. Face à cette prise de conscience, les scientifiques sont aujourd'hui plus réalistes et plus modestes...

Boucles de rétroaction

« Dépendances linéaires », « non linéaires » « sensibilités aux conditions initiales », « horizons prédictifs » ; pour bien comprendre notre problème il importe de nous familiariser davantage avec ces notions. Quelques exemples de la vie concrète vont nous montrer comment elles s'articulent entre elles.

La chaleur dégagée par un radiateur augmente la température d'une pièce. Telle quantité de chaleur (la cause) engendre telle augmentation de température (l'effet). Dans certaines conditions, si je double la chaleur dégagée, je double la température (en degrés absolus). On dira que la température dépend *linéairement* de la chaleur dégagée.

Cette description ne s'applique pas, par exemple, à un feu de forêt. La chaleur d'une simple allumette peut embraser une région entière et provoquer l'apparition de températures très élevées. La raison en est bien connue : la (faible) augmentation de température provoquée par la flamme de l'allumette suffit à mettre le feu à quelques branches mortes. Ces nouveaux incendies dégagent encore plus de chaleur, augmentant encore la température, etc.

On aura compris que dans ce cas l'intensité de l'effet influence, à son tour, l'intensité de la cause. Cela porte le nom de « boucle de rétroaction » ; la cause produit l'effet et l'effet modifie la cause, modifiant ainsi l'effet, etc. Dans un feu de forêt, la température dépend *non linéairement* de la chaleur dégagée par l'allumette.

Si l'effet n'influence pas à son tour la cause (dépendance linéaire), les équations sont peu sensibles aux conditions initiales. Il sera possible de calculer l'évolution de la température sur une période très longue.

Si, au contraire, l'augmentation de la température a pour effet de dégager encore plus de chaleur (dépendance non linéaire ; boucle de rétroaction), alors, en amplifiant la cause, l'effet provoque une forte sensibilité aux conditions initiales. L'horizon prédictif de l'évolution de la température sera très court. Un feu de forêt a un comportement difficile à prévoir.

Or il se trouve que les problèmes de la physique abondent en équations non linéaires. Le monde concret est peuplé de « boucles de rétroaction »...

L'effet «papillon»

Pour calculer les orbites planétaires, il suffit de considérer l'influence d'un petit nombre de corps célestes. Pour étudier la météorologie, il faut compter avec la présence des milliards de milliards de molécules d'air. Personne, bien sûr, ne désire suivre la trajectoire de chacune des molécules de l'atmosphère. On s'intéresse à des «valeurs moyennes», telles que la température, la distribution des vents et des pluies dans une région donnée. Même cela — nous en avons l'expérience —, la météo nationale ne le prévoit qu'avec une crédibilité toute relative...

Suffirait-il d'augmenter la puissance de nos ordinateurs pour améliorer la qualité des prédictions météorologiques ? On l'a cru longtemps. C'était ignorer l'*extrême sensibilité* aux données initiales des équations de l'aérodynamique.

Essayons, par exemple, de calculer le temps qu'il fera dans un an à la même date. Il nous faut d'abord inscrire dans le programme *tout ce* qu'on sait de l'état de l'atmosphère à l'instant présent : distribution des températures, des nuages, des vents, etc. On met ensuite la machine en marche, et on calcule. Supposons que le résultat soit : beau temps, sans nuage.

Or il se trouve que, quelque part sur la planète, un papillon s'est envolé au moment du démarrage du calcul. On n'a pas tenu compte du souffle léger provoqué par le mouvement de ses ailes. Il faut recommencer en incluant cette nouvelle donnée initiale. Surprise... Les effets atmosphériques de ce vol influencent profondément le cours du calcul. Ils suffisent à modifier le pronostic pour l'année suivante : il pleuvra !

Faut-il alors renoncer aux prévisions atmosphériques ? Non, si on se contente du court terme. Pour demain, c'est à peu près bon. Pour dans trois jours, c'est déjà beaucoup plus incertain. Au-delà de deux semaines, vous avez autant de chance de tomber juste en tirant à pile ou face...

On peut ainsi, pour chaque domaine de la science, introduire un « horizon prédictif » au-delà duquel l'avenir est inconnaissable. Les prévisions des éclipses peuvent s'étendre sur des milliers, voire des centaines de milliers d'années. Mais il y a toujours une date au-delà de laquelle elles seront inutilisables. L'horizon prédictif de la météorologie est d'environ une semaine. Inutile d'acheter un ordinateur plus performant. Les papillons le rendront caduc [50].

Un subtil dosage

Les développements récents de la physique et, en particulier, la naissance de « la théorie du chaos », nous permettent de comprendre comment les lois coexistent avec la dimension ludique de la nature. Et comment la présence simultanée des deux pôles « hasard » et « nécessité » est indispensable à l'inventivité et à la créativité du monde.

Le rôle des lois n'est pas de sélectionner un avenir inexorable. Leur pouvoir exécutif est, à long terme, nettement insuffisant. A partir de l'état présent, elles se contentent d'élaborer un ensemble de possibles, tous compatibles avec la législation en cours. Au-delà de l'horizon prédictif, s'étendent les espaces de liberté.

Quand un de ces possibles devient réalité il débouche lui-même sur un nouvel ensemble. Ces ensembles forment des arborescences qui se greffent les unes sur les autres et multiplient à l'infini le nombre d'événements possibles, les rendant pratiquement imprévisibles.

C'est dans de telles séquences d'événements — où interviennent à la fois les lois et le hasard — que s'inscrivent la virginité et la vivacité de l'aujourd'hui. Par cette interaction subtile, les deux pôles participent à l'élaboration du monde.

Ainsi, perçu dans sa véritable complexité, l'univers ne peut être comparé ni à l'arène proprette des orbites planétaires chère aux «savants» du siècle des Lumières [51], ni au fouillis stérile des surfaces planétaires criblées de cicatrices météoritiques. On y verrait plutôt la palette d'un peintre imaginatif, continuellement affairé à produire des effets inédits.

6. La thermodynamique et le vol des papillons

Au cinquième chapitre nous avons vu comment le développement des théories du chaos nous permet d'élucider le sens des mots de Démocrite. Deux entités en apparence exclusives l'une de l'autre : le hasard et la nécessité, arrivent non seulement à coexister, mais aussi à entrer en interaction pour engendrer la diversité de l'univers et la vivacité de l'aujourd'hui.

Dans ce sixième chapitre, nous verrons comment la découverte de l'expansion de l'univers va, à son tour, nous permettre de jeter un coup d'œil neuf sur les ébats de nos papillons.

Les physiciens du siècle dernier portaient un regard sombre sur l'avenir de l'univers. A cette époque, une notion nouvelle, « l'entropie », fait son entrée dans le langage scientifique.

De cette notion, riche et difficile, nous ne retiendrons ici qu'un seul aspect : au sein d'une substance donnée, l'entropie est une mesure du désordre, ou plus exactement de l'absence d'organisation. Appliquée à l'univers, la thermodynamique affirme que *l'entropie de l'ensemble de la matière cosmique est sans cesse croissante.*

De cette notion et de cette loi sont nées des extrapolations hâtives, qui ont longtemps servi à justifier une vision pessimiste du monde. A plus ou moins long terme, les « aujourd'huis » seraient irrémédiablement condamnés. La détérioration inexorable du cosmos impliquerait que, dans quelque temps, *il ne se passera plus rien.* Dans l'optique de Wittgenstein, l'univers « n'existerait » plus.

La découverte de l'expansion universelle a remis en question ces sombres prédictions. En tenant compte, en particulier, du rôle de la force de gravité sur la matière universelle en refroidissement, on appréhende plus justement le contexte cosmique qui assure à l'univers une vivacité prolongée. Je commencerai cette partie du livre par une contestation de trois affirmations courantes qui prétendent s'appuyer sur les acquis de la thermodynamique.

La vie n'est pas une exception à la « règle d'entropie »

Il est facile de constater que la matière vivante est plus organisée (moins entropique) que la matière inerte, dont elle est née aux premiers âges de notre planète. On en a conclu rapidement que la vie est incompatible avec les lois de la thermodynamique. Dans cette optique, les vivants seraient des exceptions à la règle de l'entropie croissante.

Cette interprétation confirmerait l'idée que la vie est un phénomène extrêmement improbable. Pratiquement un « miracle ». De cette improbabilité, on a fait un argument contre l'hypothèse de civilisations extraterrestres. « L'homme sait enfin qu'il est seul dans l'immensité indifférente de l'univers d'où il a émergé par hasard », écrit Jacques Monod.

Qu'en est-il en fait ? La vie est parfaitement compatible avec la thermodynamique. La seconde loi de la thermodynamique admet la création d'ordre et d'organisation *dans une région donnée du cosmos,* pourvu que cette région ne soit pas fermée sur elle-même. Il faut qu'elle soit en état d'échange avec le monde extérieur. Il faut encore que cette création d'ordre soit surcompensée *par un accroissement plus grand encore du désordre dans l'ensemble de l'univers.*

Les phénomènes de créations d'ordre ne sont pas confinés au

domaine des vivants. Ils existent à tous les niveaux de structuration de la matière. Quand deux atomes d'hydrogène se joignent à un atome d'oxygène, pour former une molécule d'eau, il y a production d'organisation (la molécule est plus « organisée » que les atomes libres). Cette réaction chimique s'accompagne de l'émission de photons lumineux. Ces photons se propagent vers l'espace intergalactique. Ils représentent pour l'univers un supplément de « désordre[52] ». C'est par cette émission que la seconde loi trouve son compte. Dans un univers statique (sans expansion), ces photons réchaufferaient progressivement le ciel, menaçant ainsi l'avenir de la vie. Cette menace est neutralisée par l'expansion. Ce point sera repris un peu plus tard.

Des phénomènes tout à fait analogues, quoique beaucoup plus complexes, se produisent quand la vie apparaît et que, au coucher du soleil, les hirondelles s'affairent au-dessus de l'étang de Malicorne. Tous les organismes vivants dégagent de la chaleur. Cette énergie thermique, sous forme de rayonnements infrarouges, gagne l'immense espace intersidéral, payant ainsi son tribut à la règle d'entropie. La vie n'est pas une exception aux lois de la thermodynamique. Son apparition n'est ni plus ni moins « miraculeuse » que la naissance de l'eau.

La vie n'est pas condamnée à disparaître

Notre univers contemporain est loin d'être isotherme (partout à la même température). Entre le cœur des étoiles — à des millions, voire des milliards de degrés —, et l'espace interstellaire — à moins de trois degrés absolus— on trouve toute la gamme des températures.

A la naissance de la thermodynamique, on a conclu hâtivement que ces écarts de température seraient inexorablement amenés à s'amenuiser et disparaître. Dans un avenir plus ou moins lointain, la matière cosmique atteindrait partout la même température, rendant ainsi inutilisables toutes les énergies du cosmos. L'univers serait irrémédiablement condamné à la « mort thermique ».

L'image de l'univers que nous renvoie l'astronomie contemporaine présente une situation complètement inversée. La matière est passée d'un état d'isothermie quasi totale, il y a quinze milliards d'années, à l'état contemporain caractérisé par d'importantes variations de températures. Qu'est-ce qui a échappé aux pionniers de la thermodynamique ?

On a compris assez tard le rôle fondamental de la force de gravité dans la thermodynamique universelle. Les étoiles sont le lieu où ce rôle se joue [53]. Dans la purée primordiale les étoiles sont absentes. Elles apparaissent quand, s'exerçant au sein des nébuleuses de l'espace, la gravité les amène à se contracter et à se réchauffer. Grâce à ces innombrables effondrements, l'univers quitte progressivement son isothermie initiale. Aujourd'hui, des milliards de degrés séparent les températures des creusets stellaires de celles des astres froids qui errent dans l'espace.

Là non plus, rien d'exceptionnel, rien de miraculeux. C'est l'application même de la loi d'entropie, dans le contexte de l'expansion universelle, qui gouverne l'apparition de ces différences de températures si importantes pour l'apparition de la vie et la vivacité de l'aujourd'hui.

On ne peut pas affirmer que l'univers tend inexorablement vers un état de désordre maximal

Troisième affirmation contestable : même si l'univers ne tend pas vers la mort thermique, il serait, de toute façon, condamné par la loi d'augmentation du désordre global.

Cette idée provient de la superposition de deux propositions : *a*. tous les « événements » de l'univers, comme le vol lourd des hérons au-dessus des marécages, ne peuvent « arriver » *que* s'ils contribuent à augmenter l'entropie de l'univers, *b*. un jour viendra où cette entropie aura atteint sa valeur maximale et ne pourra plus s'accroître davantage. Conclusion : à cette époque, il ne pourra plus y avoir « d'événements ».

La première proposition est juste. La seconde serait vraie si (comme on le croyait auparavant) l'univers était statique. Elle n'est plus vraie pour un univers en expansion.

Comparons l'univers à un bassin dans lequel on verse de l'eau.

Un bassin « ordinaire » finira nécessairement par être plein. L'image d'un univers qui pourrait un jour atteindre sa quantité d'*entropie maximale* serait l'analogue d'un bassin ordinaire. Telle serait la situation si l'univers était statique (cf. p. 110).

Mais on peut aussi imaginer un bassin différent, qui, muni de parois coulissantes, pourrait augmenter continuellement son propre volume. Un tel bassin, loin de déborder, serait toujours en mesure de recevoir l'eau qu'on y déverse.

Une étude poussée des propriétés de la force de gravité montre que l'univers en expansion se comporte, non pas comme un bassin ordinaire, mais comme notre second bassin. *Il est en mesure d'augmenter indéfiniment son entropie.* Une démonstration détaillée de ce point est présentée en appendice *(appendice 2)*.

Cette aptitude à accroître sans limites son entropie est garante de la vitalité du monde. Grâce à elle, l'univers peut à chaque instant préserver la virginité des « aujourd'huis » et la vivacité du vol des papillons au-dessus des champs de colza.

Les papillons et l'expansion de l'univers

Nous allons maintenant étudier d'une façon beaucoup plus détaillée les relations étroites qui se tissent entre l'expansion de

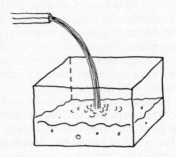

Comme un bassin ordinaire qui reçoit de l'eau finit par se remplir, un univers statique finirait par atteindre son état d'entropie maximale.

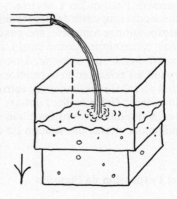

Comme un bassin avec un fond coulissant peut ne pas se remplir, un univers en expansion n'atteint jamais son entropie maximale.

l'univers et la croissance de la complexité. Ce sujet a été traité assez longuement dans *L'Heure de s'enivrer*. Pour poursuivre notre discussion sur la virginité de l'aujourd'hui, il paraît nécessaire d'y revenir brièvement.

Les Grecs anciens ont été les premiers, à notre connaissance, à interroger la nature par l'observation et la théorie scientifique. Imaginons qu'Aristote, un des pionniers de cette entreprise, revienne parmi nous et demande : « Que savez-vous sur la nature que nous ne savions pas à notre époque ? Qu'avez-vous appris de nouveau depuis notre passage sur la Terre ? »

Il serait facile, mais inacceptable, de lui présenter les livres, stockés par millions, sur les étagères de nos bibliothèques scientifiques. Tentons plutôt de résumer, en peu de mots, l'ensemble de nos connaissances actuelles sur le mode de structuration de la matière.

Deux phrases pourraient répondre à l'interrogation d'Aristote : 1. « La nature est structurée comme un langage » ; 2. « La pyramide de la complexité s'édifie au cours des ères. »

La nature est structurée comme un langage

Le langage (écrit) fait intervenir les lettres, les mots, les phrases, les paragraphes, les chapitres, les livres, les collections. La recette fondamentale est celle de la combinatoire. Les mots sont des combinaisons de lettres, et la combinaison des mots engendre les phrases [54].

Ici intervient une notion fondamentale : la « propriété émergente ». La combinaison des lettres, dans un ordre spécifique, fait apparaître quelque chose de « nouveau », absent de chacun des éléments pris séparément. Le mot « noir » évoque une image à laquelle les lettres individuelles, dont il est composé, sont tout à fait étrangères. Cette image « émerge », non pas des lettres elles-mêmes, mais de leur association dans cet ordre donné. Le sens de chacun des mots du dictionnaire est une « propriété émergente » de cette combinatoire, selon des règles dont l'origine est à la fois historique et conventionnelle.

Ces propriétés émergentes interviendront à tous les niveaux. Le sens de la phrase : « La nuit est noire », naît de l'association des mots selon des règles instaurées par la syntaxe et la grammaire. Et l'association des phrases est elle-même porteuse d'un sens plus vaste, d'un message de plus grande amplitude encore.

On peut ainsi évoquer, pour décrire le langage écrit, l'image d'une pyramide « d'alphabets » superposés (lettres, mots, phrases, paragraphes, etc.). Chaque élément, à un étage donné, est composé des éléments de l'étage inférieur et il entre dans la composition des éléments de l'étage supérieur. Ainsi, les mots sont les « lettres » des phrases, les phrases sont les « lettres » des paragraphes, etc. Le principe fondamental de cette construction est, répétons-le, la combinatoire investie de propriétés émergentes.

Notre premier énoncé : « La nature est structurée comme un langage », nous dit que la nature fonctionne de la même façon. (Pour la simplicité de l'exposé je ne parle ici que du langage écrit.) Nous constatons que cette recette (l'écriture), inventée chez les humains il y a cinq ou six mille ans, la nature en fait usage depuis quinze milliards d'années.

L'honneur revient aux chimistes d'avoir, les premiers, découvert ce mode de fonctionnement de la nature, au niveau des atomes et des molécules. Grâce à Lavoisier, Dalton, Gay-Lussac, et bien d'autres, on montre, au cours des XVIIIe et XIXe siècles, que les molécules sont comme des mots dont les atomes seraient les lettres.

Le travail principal des chimistes a consisté à dresser la liste des éléments chimiques qui composent l'ensemble des substances naturelles. C'est-à-dire à identifier l'*alphabet des atomes*.

Cette liste comporte un peu plus de cent atomes. On dispose traditionnellement ces éléments en un tableau dit de « Mendeleïev ». On le trouve sur les murs des laboratoires et des salles de cours de nos établissements d'enseignement.

Pour maintenir ensemble les lettres d'un mot, la nature utilise les diverses forces dont elle dispose. Les atomes sont « soudés » en molécules par la *force électromagnétique*. Comme son nom l'indique, cette force est responsable de tous les phénomènes électriques et magnétiques. Elle gouverne toutes les réactions chimiques et toutes les manifestations de la lumière.

Au début de notre siècle, les physiciens poursuivent une démarche analogue à celle des chimistes. Si les atomes sont des lettres par rapport aux molécules, ils sont, également, des mots par rapport à un nouvel alphabet : celui des nucléons. Il y a plusieurs espèces de nucléons. Deux d'entre eux, le proton et le neutron, entrent dans la composition des noyaux stables de la nature.

Le carbone, par exemple (plus exactement le noyau de l'atome de carbone, entouré d'un cortège d'électrons), est composé de 6 protons et 6 neutrons. Le fer est constitué de 26 protons et 30 neutrons. L'uranium, de 92 protons et d'un peu plus de 140 neutrons, selon la variété considérée. Nous connaissons aujourd'hui plus de mille noyaux différents obtenus par la combinaison de protons et de neutrons, dans des proportions déterminées. Ici, l'agent de liaison des « lettres » est la force nucléaire, elle assure la cohésion des protons et des neutrons au sein du noyau atomique.

Les nucléons sont eux-mêmes des mots par rapport à des constituants appelés *quarks*. Ces particules existent sous six variétés différentes, mais deux seulement sont stables : le quark *u* et le quark *d*. Le proton est, à toutes fins pratiques, composé de deux quarks *u* et un quark *d*, tandis que le neutron incorpore un quark *u* et deux quarks *d*. C'est encore la force nucléaire qui est à l'œuvre. Elle soude les quarks dans les nucléons, tout comme elle soude les nucléons dans le noyau.

Les 26 lettres de notre alphabet français sont, par définition, élémentaires. Elles ne sont pas des « mots » par rapport à un autre alphabet. Qu'en est-il des quarks, des électrons ? On pense, sans en avoir la certitude, que ces particules sont élémentaires. Des accélérateurs plus puissants que ceux dont nous disposons aujourd'hui pourraient, en principe, nous éclairer sur cette question.

En élucidant le rôle fondamental des cellules dans les organismes vivants, les biologistes ont apporté leur contribution à l'exploration de la pyramide de la complexité. Un alphabet d'environ deux cents variétés de cellules suffit à épeler l'immense variété des plantes et des animaux. La biochimie devait révéler, à son tour, que ces cellules vivantes incorporent un alphabet de molécules géantes (protéines, ADN, etc.). La force électromagnétique est l'agent de cohésion et de fonctionnement des cellules et des organismes.

En analogie avec la pyramide du langage écrit (lettres, mots, phrases, paragraphes, chapitres, etc.) on peut aujourd'hui dresser la pyramide des alphabets superposés de la nature.

Au bas, se trouve le domaine de la force nucléaire, responsable de la combinaison des quarks en nucléons et des nucléons en noyaux. Aux étages supérieurs, on entre dans le domaine de la force électromagnétique, préposée à la formation et au fonctionnement des molécules, des cellules et des organismes vivants.

Pourquoi une pyramide ? L'organisation matérielle ne touche *qu'une fraction de la matière cosmique.* Cette fraction s'amenuise à mesure que l'on grimpe les échelons de la pyramide. La masse totale de l'ensemble des êtres vivants, par exemple, n'est qu'une partie infime de la masse de la Terre. La quasi-totalité de l'univers se situe aux étages inférieurs de la pyramide. On peut y voir une manifestation de la « règle d'entropie » décrite dans la section précédente. L'organisation locale de la matière est nécessairement compensée par une désorganisation globale plus importante. L'univers ne peut pas se transformer entièrement en cerveaux humains...

La nature est structurée comme un langage

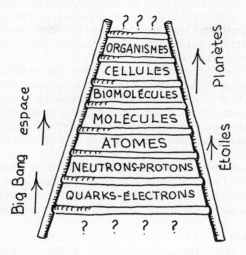

La pyramide se construit dans le temps.

Voilà donc explicité le sens de notre première phrase clef :
« La nature est structurée comme un langage. »

La construction de la pyramide

La seconde phrase clef de notre message aux pionniers de la
science nous vient des études astronomiques et cosmologiques.

Elle s'énonce ainsi : « La pyramide de la complexité s'édifie au cours du temps. »

La découverte du mouvement orienté des galaxies nous a mis sur la piste. Il en surgit l'image d'un univers, non pas statique, comme on l'a cru longtemps, mais en évolution. Les galaxies s'éloignent les unes des autres. Dans le passé, elles étaient donc plus rapprochées.

A partir de l'observation du mouvement des galaxies, et avec l'aide de nos connaissances en physique, on peut remonter le temps. On reconstitue les conditions antérieures du cosmos. Il nous apparaît alors, progressivement, plus dense, plus chaud et plus lumineux. La détection du « rayonnement fossile », émis il y a quinze milliards d'années, nous en a apporté la confirmation.

L'image véhiculée par ce rayonnement nous décrit l'état de l'univers dans ce passé lointain. La matière, tout entière, est concentrée à l'échelon le plus bas de notre pyramide ; celui des particules élémentaires. Les échelons supérieurs sont vides.

Aujourd'hui, à l'inverse, tous les niveaux de l'échelle sont habités. Les structures correspondantes, nucléons, atomes, molécules, cellules, organismes, sont apparues progressivement. On peut raconter l'histoire de l'univers comme l'ascension de la matière vers les échelons supérieurs.

Chacune des sciences en raconte un chapitre particulier. La physique nous décrit la formation des nucléons dans la purée initiale. Elle nous parle de la naissance des étoiles, sous l'égide de la force gravitationnelle, et de la fusion des noyaux atomiques, dans le cœur de ces astres incandescents. La chimie cherche à rendre compte de la formation des molécules dans l'espace interstellaire, dans l'atmosphère et dans l'océan primitif de la Terre. La biologie inscrit sa contribution aux niveaux les plus élevés de la pyramide, ceux que peuplent les cellules et les organismes multicellulaires. Ainsi, au cours des ères, dans le ciel et sur la Terre, les

La thermodynamique et le vol des papillons

forces naturelles ont édifié la pyramide de l'organisation cosmique.

Les équilibres sont stériles

Pour percevoir correctement le mode d'organisation de la matière, il nous manque encore un élément essentiel. Les forces naturelles, nous l'avons vu, ont pour rôle de « souder » les structures du cosmos et d'engendrer la variété des formes. Pourtant le résultat de leur activité aurait pu être fort différent : un monde stérile, terne et sans aucune variété. Dans quelles conditions leurs contributions respectives peuvent-elles induire la *diversité* plutôt que la *monotonie* ?

Le « rêve » de la force nucléaire serait de transformer toute matière en fer. Toute substance, hydrogène, uranium, ou confiture de fraise, sur laquelle cette force pourrait développer, jusqu'à ses limites, sa formidable puissance de cohésion, deviendrait immanquablement du fer.

De même, si on donnait « carte blanche » à la force électromagnétique, les protéines, l'ADN et la vie seraient absents de notre monde. On y trouverait uniquement des molécules simples (eau, gaz carbonique, méthane, ammoniac) et des atomes nobles (hélium, néon, argon, etc.).

Sous l'action illimitée de la force de gravité, étoiles et galaxies se compacteraient en « trous noirs » ; astres morts, recroquevillés sur eux-mêmes [55].

L'univers serait très différent si les forces naturelles avaient pu poursuivre jusqu'à leurs limites leurs aptitudes à souder la matière. Pas d'aujourd'hui, pas d'événements, pas de libellules bleu acier sur la verte campagne.

L'image la plus ancienne de l'univers est une image de monotonie. Une purée homogène de particules élémentaires.

Plus tard la force nucléaire entre en opération et engendre une variété de noyaux atomiques. Plus tard encore, la force électromagnétique se met à l'œuvre, et « greffe » sur ces atomes la variété infiniment plus riche des molécules naturelles. Aujourd'hui, après quinze milliards d'années, il est facile de constater que ces forces n'ont pas eu « carte blanche ». Elles n'ont pas épuisé leur aptitudes. Les menaces qu'elles faisaient peser sur la richesse de l'univers ne sont pas réalisées. Pourquoi ?

Parce que l'univers est en expansion ! Un monde statique et inchangeant serait *forcément* monotone. Les « rêves » des forces auraient eu le temps de se réaliser, cent fois, mille fois, un million de fois.

Modes de cristallisation

Quelques expériences simples nous permettront de comprendre ce point fondamental.

Dans un bocal, on met à refroidir de l'eau chaude sursaturée en sel. *Si le refroidissement est rapide*, on trouvera, au fond du bocal, un enchevêtrement d'aiguilles délicates et fines. Un faisceau de lumière polarisée, projeté latéralement, y fera naître un arc-en-ciel de teintes variées [56].

Recommençons l'expérience avec un taux rapide de refroidissement. Les aiguilles réapparaîtront, mais avec des arabesques différentes. La variété des enchevêtrements possibles est inépuisable. Les mêmes dessins ne reviennent jamais.

Nouvelle série d'expériences. Nous mettons, cette fois, l'eau salée au bain-marie en la refroidissant *le plus lentement possible*. Le résultat : un bloc de sel épousant étroitement la forme du bocal. Aucune lumière polarisée ne peut l'iriser. Recommençons cent fois, mille fois : le même bloc, parfaitement prévisible, parfaitement monotone, se reformera sous nos yeux. Fini le renouvellement continuel des formes observé dans la première série d'expériences !

Pourquoi la vitesse de refroidissement influence-t-elle à ce point le résultat ? Si elle est lente (seconde série d'expériences), les atomes *ont tout le temps* d'occuper les places disponibles sur les cristaux en formation. Les irrégularités s'effacent et les cavités se comblent. Les surfaces demeurent lisses et engendrent obligatoirement le prévisible bloc de sel. On dit alors que les réactions sont en *équilibre* : tout ce qui *peut* arriver *a le temps* d'arriver.

A l'inverse dans un refroidissement rapide, c'est l'avalanche. Les atomes s'accrochent où ils peuvent. Dans leur précipitation, ils donnent naissance à des protubérances jamais nivelées, à des cavités jamais comblées.

Comparons la formation des cristaux à l'apparition des premiers noyaux atomiques dans l'univers en refroidissement. Aux très grandes températures initiales, il n'y a que des particules élémentaires. Si l'univers s'était refroidi lentement, la matière cosmique serait demeurée indéfiniment en état d'équilibre. Les forces naturelles seraient allées jusqu'à la limite de leurs possibilités. Elles auraient eu le temps de tout souder. L'univers serait resté indéfiniment dans la monotonie.

La température d'un cylindre de voiture diminue quand le piston se retire. De même, l'univers se refroidit à mesure de son expansion. L'observation et la théorie montrent que cette expansion est *trop rapide* pour préserver les états d'équilibre. Les forces n'ont pas le loisir d'aller jusqu'au bout de leurs capacités. Le fer existe, mais il est très rare : aujourd'hui, il n'y a pas plus d'un atome de fer pour cent mille atomes d'hydrogène. Avec l'activité stellaire, ce nombre augmente encore mais de plus en plus lentement. Selon toute vraisemblance, nous n'aurons jamais un cosmos de fer pur [57].

L'univers a été sauvé du stérile équilibre par la vitesse de son refroidissement. Les déséquilibres ainsi engendrés laissent au cosmos la possibilité de s'enrichir en splendeur et en diversité. Ils sont gardiens de l'imprévisible, de l'inédit et de l'aujourd'hui. Ils permettent aux oiseaux migrateurs de partir en larges bandes quand nous reviennent les premiers signes avant-coureurs de l'automne.

7. Les papillons
et la flèche du temps

Les deux derniers chapitres nous ont permis de décrire le nouveau regard de la science sur le monde réel. Nous avons vu comment l'avènement des « théories du chaos déterministe » réconcilie pour nous deux notions à première vue incompatibles : le « hasard » et la « nécessité ». Nous comprenons mieux comment ces deux éléments s'associent et se fertilisent mutuellement pour engendrer la créativité de la nature.

La découverte de l'expansion de l'univers a également changé notre vision du futur et du sort de la complexité cosmique. La thermodynamique, revue et corrigée en tenant compte de l'expansion, nous présente une idée fort différente du rôle du temps dans l'histoire universelle. Le « temps » est manifestement au centre de nos préoccupations quand nous nous questionnons sur la virginité de l'aujourd'hui et sur son avenir. Ce septième chapitre lui sera entièrement consacré.

« Le temps, disait saint Augustin, j'ai l'impression de savoir ce que c'est quand on ne me le demande pas. Quand on me le demande, je ne sais plus rien. »

On a coutume de distinguer plusieurs « temps ». Il y a d'abord le « temps intuitif », celui que nous sentons dans notre corps, et que, comme saint Augustin, nous avons tant de mal à définir. Il y a aussi le « temps du physicien », celui qu'il introduit dans ses équations pour reproduire le comportement de la matière soumise aux lois de la nature. Il y a enfin le « temps cosmologique », celui du Big Bang et de l'évolution du cosmos. Nous verrons combien il est difficile de faire coïncider ces notions.

Une différence fondamentale porte sur la « réversibilité du temps ». Cette notion subtile sera explicitée un peu plus loin au moyen d'exemples appropriés.

Dans *le Politique*, Platon raconte qu'à l'époque de Chronos, le père de Jupiter, « les temps du monde étaient réversibles, fonctionnant tantôt dans un sens, tantôt dans l'autre. Ce qui était origine à un moment pouvait devenir fin à un autre, et vice versa ».

Comme celui de Chronos, le temps du physicien est « réversible ». Les équations de la physique sont incapables de distinguer entre le présent et l'avenir.

Pourtant, il y a une différence fondamentale entre ce temps de la physique, et celui dont nous avons l'intuition. Pour nous, l'espace et le temps ne sont nullement équivalents. Dans l'espace, nous sommes libres. Nous pouvons aller en avant, en arrière, à gauche ou à droite, en haut ou en bas. Cette liberté n'existe pas par rapport au temps. Nous ne pouvons pas choisir « d'aller à hier ou à demain ». Le temps nous transporte irrésistiblement comme un train en marche. Il n'est pas question d'en descendre. Nous allons inexorablement du passé (là où sont nos souvenirs, où nous ne pouvons plus agir) vers le futur (ouvert à toutes les possibilités).

Les connaissances contemporaines sur l'histoire du cosmos et sur son évolution ne nous donnent pas l'image d'un « temps cosmologique » réversible. Comme nos corps, l'univers semble bien évoluer dans une direction invariable. Comment réconcilier le temps réversible de la physique avec les temps irréversibles de la cosmologie et de l'intuition ?

Cette discussion est au centre d'un débat très animé chez les physiciens et les astrophysiciens. Elle gravite autour d'une notion subtile : la flèche du temps.

Je vais tenter de présenter la situation au moyen d'une saynète imaginaire. Une première analyse nous permettra de comprendre pourquoi cette flèche du temps, si profondément ancrée dans notre intuition, a paru illusoire aux yeux du physicien. Il faudra un second regard pour détecter les points faibles de l'argumentation sur laquelle cette affirmation prétendait se fonder. Nous comprendrons alors comment la présence d'horizons prédictifs, dans un univers en expansion, permet de réconcilier les trois « temps ».

Reconnaître le sens de la flèche

Un extraterrestre (un vrai !) nous arrive d'un monde où il n'y a pas de temps. Il voudrait comprendre ce que ce mot signifie. Pour lui en donner l'expérience concrète, nous allons lui enseigner à identifier correctement la flèche du temps.

Le jeu consiste à lui présenter des séquences filmées. On se réserve la possibilité de les passer en commençant par le début ou par la fin. On se propose de lui donner les moyens de reconnaître si, dans la séquence visionnée, le temps s'écoulait dans le sens normal ou à rebours.

Première séquence : une table de billard vue du dessus. Une boule entre par la gauche, traverse l'écran vert et sort par la droite.

La même séquence est ensuite passée dans l'autre sens. La boule entre par la droite et sort par la gauche. Laquelle est la « vraie », laquelle est à rebours du temps ?

Une boule traverse le billard de la gauche vers la droite.

Séquence inversée : la boule traverse de la droite vers la gauche.

De cette séquence, notre visiteur ne peut rien apprendre. Rien ici ne peut lui permettre d'identifier la séquence vraie et la séquence inversée. On lui dira que la flèche du temps n'y est pas inscrite. Il y a *réversibilité* de ce mouvement par rapport au temps : pour la boule, le passé et le futur sont interchangeables. Comme dans le monde mythique de Platon, l'origine peut être la fin et vice versa. Si on connaît le passé, on connaît le futur.

124

Nous passons maintenant une nouvelle séquence. Le décor est le même. Deux boules se dirigent l'une vers l'autre, se frappent et repartent dans des directions différentes.

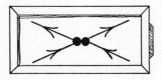

Seconde séquence : deux boules entrent en collision.

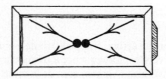

Séquence inversée.

Dans la séquence à rebours : même scénario, sauf que les directions sont inversées. Là encore les mouvements sont réversibles. Ils ne portent pas la flèche du temps.

Une troisième séquence fait voir un billard américain sur lequel dix boules multicolores sont disposées en triangle.

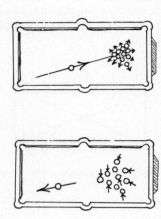

Une boule blanche arrive, frappe le triangle et disperse les boules en directions variées. La séquence à rebours montre dix boules multicolores convergeant vers un coin de la table. Elles s'y immobilisent en un triangle. Une boule blanche s'en échappe pour rouler vers le coin opposé.

Il est maintenant facile de s'y reconnaître. La séquence première semble plus naturelle, plus vraisemblable. La seconde, bien sûr, n'est pas impossible. Une telle coordination de mouvements pourrait se produire. Mais elle paraît bien *improbable*.

Disons-le encore autrement. Il y a mille façons pour les boules multicolores de se disperser dans l'espace (mouvement multiforme). Il n'y a qu'une façon pour la boule blanche de se diriger du coin vers le triangle (mouvement simple). Il paraît plus probable de passer d'un mouvement simple à un mouvement multiforme. L'inverse pourrait se produire, mais si rarement qu'on

126

peut parier sans trop de risque. Les mouvements multiformes donnent généralement naissance à d'autres mouvements multiformes. C'est donc à partir des mots « probables » et « improbables » que nous allons tâcher de renseigner notre visiteur.

Une quatrième séquence achèvera cet enseignement. Sur l'écran, une goutte d'encre noire tombe dans un verre d'eau. Elle se dilue et se répand uniformément. L'eau devient uniformément grise. Notre élève, s'il a bien bien compris la leçon, n'aura aucune difficulté à reconnaître la séquence réelle de la séquence à rebours. C'est qu'il ne s'agit plus de onze objets (les boules du billard américain), mais d'environ 10 000 000 000 000 000 000 000 000 molécules. La probabilité devient si faible de voir la goutte se former d'elle-même que l'on peut l'ignorer. La séquence « mouvement multiforme se transformant en un mouvement simple » n'a pratiquement aucune chance de se produire.

Rien de plus ?

Les événements « complexes » (dilution d'une goutte d'encre) sont fléchés, tandis que les événements « simples » (collision de deux corps) ne le sont pas. Telles semblent être les conclusions qui émergent de cette discussion.

Ces conclusions pourraient nous permettre de réconcilier le temps de la physique et le temps de notre intuition. Le raisonnement se déroulerait de la façon suivante. Chaque *événement complexe* de la réalité peut être décomposé en un grand nombre d'*événements simples*. Une partie de billard est une suite de collisions de boules. « Diluer une goutte d'encre » peut se voir comme la séquence des mouvements désordonnés de particules d'encre dans l'eau d'un contenant. « Faire cuire un œuf » se ramène à une multitude de réactions chimiques individuelles, dans une poêle à frire.

Isolés et pris séparément, ces événements simples ressemblent à nos deux premières séquences. Ils ne semblent pas marqués par la flèche du temps. Comment cette flèche apparaît-elle quand on observe l'événement *dans son ensemble,* c'est-à-dire quand on considère la série de ces événements simples?

Les séquences visionnées auparavant nous suggèrent une réponse. *La flèche du temps serait uniquement inscrite dans le passage du moins probable au plus probable.* En réalité les événements complexes *seraient tout aussi réversibles* que les événements simples; ils seraient seulement moins probables. Si nous savons identifier la bonne séquence, c'est tout simplement parce que notre expérience de la vie nous a habitués à distinguer les événements probables et les événements improbables. Rien de plus. Si tel est le cas, l'irréversibilité du temps psychologique serait évidemment une pure illusion.

Une nouvelle ombre sur l'aujourd'hui

On aura compris que ce «rien de plus», mine de rien, remet en question la virginité de l'aujourd'hui. Car si nous admettons que les événements complexes sont réversibles — bien que la probabilité de cette réversion soit faible —, alors il nous faut également conclure que le passage du temps ne crée rien de nouveau [58]. Le mot réversible indique en effet que ce qui est dans le futur aurait tout aussi bien pu être dans le passé.

Dans cette optique, notre ignorance de l'avenir ne porterait uniquement que sur le *choix* de l'état qui va succéder à l'état présent. Même si nous ne sommes pas en mesure de savoir ce qui *va arriver*, il nous serait en principe possible de connaître l'ensemble de tout ce qui *pourrait arriver.* (Par exemple, en lançant une pièce de monnaie je sais à l'avance que le résultat sera ou *pile* ou *face*, même si je ne sais lequel des deux sera choisi.)

L'éventail des états possibles serait déterminé et connaissable. Le futur n'aurait plus de mystères. La virginité du présent serait illusoire. Il n'y aurait pas de place pour la *créativité* dans le monde.

SOS ordinateurs

Revoyons la situation d'un regard critique. L'argumentation des derniers paragraphes est fondée sur deux affirmations : 1. les événements simples sont réversibles, 2. les événements complexes — composés d'événement simples — sont, malgré les apparences, tout aussi réversibles.

Est-ce bien vrai ? Dans les pages qui suivent, nous allons découvrir que les deux affirmations sont également contestables. *Dans le monde réel, ni les événements complexes ni les événements simples ne sont exactement réversibles.* La première contestation nous renverra aux «horizons prédictifs» et aux théories du chaos, la seconde à l'expansion de l'univers. Ces deux éléments clefs vont nous montrer que ces affirmations ne sont pas exactes, mais seulement approximatives. C'est par le biais de ce caractère approximatif que la réconciliation aura lieu.

Ici, nous faisons appel à nos puissants ordinateurs. Qui aurait prévu que ces fidèles serviteurs, stupides mais rapides, serviraient un jour à une discussion philosophique ? Qu'ils jetteraient des lumières sur le problème de la liberté ?

Reprenons la séquence de la goutte d'encre. Écrivons d'abord les équations du mouvement des particules d'encre parmi les molécules d'eau. L'ordinateur nous permet alors de reconstituer la dilution progressive de l'encre dans l'eau. On projette le résultat sur un écran.

Comme dans l'expérience réelle, on voit les particules colorées, d'abord confinées en une goutte minuscule, se propager par diffusion dans tout le liquide. L'écran devient gris.

Pour la séquence à rebours, nous inversons maintenant le mouvement de chacune des particules. « Machine arrière toutes. »

On pourrait imaginer que, retraçant en sens contraire leur parcours antérieur, les particules d'encre finiraient par reconstituer la goutte initiale sur l'écran. En fait, il n'en est rien [59]. *La goutte ne reparaît plus !* L'écran reste gris.

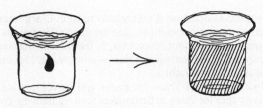

La goutte d'encre se dilue ; le mélangeur s'uniformise.

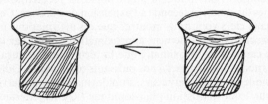

La goutte d'encre ne se reforme pas.

Contrairement à ce que nous avions supposé, la séquence de la goutte d'eau n'est pas réversible. Que s'est-il passé ?

Nous retrouvons ici le problème de la « sensibilité aux données initiales ». Notre ordinateur *pourrait* faire correctement le chemin inverse — et reconstituer la goutte d'eau — à condition de lui injecter la position et la vitesse exactes de chacune de ces particules. Or — à cause du nombre immense de corps en interaction —, les équations des particules d'encre sont *très sensibles* aux données initiales. Leur horizon prédictif est extrêmement court. Il est bien en deçà du temps requis pour reformer la goutte d'eau. L'écran reste indéfiniment gris [60].

L'ordinateur nous en apporte la preuve : au-delà de l'horizon prédictif, les événements complexes de la réalité ne sont pas réversibles. Toutes «déterministes» qu'elles soient, les équations de leurs mouvements sont incapables de prévoir l'avenir à long terme. Leur futur n'est que *partiellement* inscrit dans leur présent.

On résume souvent la situation en disant : *les équations sont déterministes, mais les solutions à ces équations ne le sont qu'approximativement. Au-delà de l'horizon prédictif, elles ne le sont plus du tout* [61].

La question, du coup, rejaillit sur les événements simples. Sont-ils vraiment réversibles ? La réponse est encore négative. La difficulté cette fois ne vient pas des horizons prédictifs, mais de l'expansion de l'univers. Elle va nous permettre de relier le temps de la physique au temps de la cosmologie.

Revoyons avec un regard plus attentif la séquence des deux boules qui s'approchent, se cognent et s'éloignent.

Pour décrire complètement l'événement, il faut tenir compte du fait que les boules ne sont pas de simples objets mécaniques. Elles sont composées d'atomes qui interagissent avec le restant de l'univers. Il faut prendre en compte toutes ces interactions. C'est là que la flèche du temps va s'inscrire.

Comme tous les objets, ces boules émettent un rayonnement proportionnel à leur température. Ce rayonnement, composé de photons infrarouges, quitte la boule et s'en va dans l'espace.

De plus, il faut prendre en considération l'existence du rayonnement fossile composé de photons millimétriques (d'énergie beaucoup plus faible que les photons infrarouges [62]). Tout au long de leur trajet, les boules absorbent ces photons. En mesure

131

avec l'expansion, la température de l'univers diminue (très) légèrement pendant le mouvement. Les photons millimétriques absorbés sont un peu moins nombreux et un peu moins énergétiques au début qu'à la fin.

La séquence inversée diffère de la séquence réelle. On voit des photons infrarouges venir de l'espace tandis que des photons millimétriques de plus en plus nombreux et énergétiques quittent les boules. Les deux séquences sont facilement reconnaissables.

Notons que dans un univers isotherme ces différences n'existeraient pas. Les boules (thermalisées) recevraient et émettraient le même rayonnement dans les deux sens. C'est parce que l'espace est beaucoup plus froid que les boules que les séquences ne sont pas identiques. Or cette différence de température est reliée au phénomène d'expansion et en particulier à l'instauration de déséquilibres. Dans un univers en équilibre, rien ne marque la flèche du temps.

Nous pouvons maintenant mieux comprendre les rôles respectifs de l'expansion de l'univers, et des horizons prédictifs dans l'avènement de la complexité. Les espoirs de liberté engendrés par l'effet des horizons prédictifs seraient impitoyablement détruits par les équilibres qui régneraient dans un monde statique [63]. Ce n'est que dans les situations de déséquilibre que l'existence des horizons prédictifs peut amener du nouveau. Or ces situations sont engendrées par le refroidissement cosmique.

La séquence du monde

En résumé, nous avons appris que la flèche du temps n'est pas simplement liée au passage du moins probable au plus probable. Nous avons compris que ni les événements complexes ni les événements simples de la réalité ne sont exactement réversibles. (Plus exactement il faudrait dire qu'en fait, il n'y a que des événements complexes. Les « simples » sont faussement simples. Ce point est développé plus longuement en appendice.) La réversibilité du temps de la physique est une *approximation*, valable en pratique pour de très courtes durées.

Une nouvelle séquence filmée nous en fournira une démonstration spectaculaire. On voit d'abord, éparpillés sur l'image, des atomes de carbone, d'azote, d'oxygène, etc., représentés, selon la tradition des chimistes, par des boules aux couleurs variées.

Dans la deuxième image, les atomes sont regroupés en petites molécules. On y reconnaît du gaz carbonique, de l'eau, de l'alcool, du formol, semblables à ce que les astronomes identifient dans les nuages interstellaires.

L'image suivante laisse voir des molécules plus complexes, des sucres, des graisses, des acides aminés, incorporant plusieurs dizaines d'atomes.

Ensuite, on aperçoit la double hélice de l'ADN : une gigantesque structure formée de plusieurs centaines de milliers d'atomes d'hydrogène, de carbone, d'azote et d'oxygène, avec un peu de soufre et de phosphore.

Maintenant, l'écran est rempli de petites cellules vivantes nageant dans une goutte d'eau. Chaque cellule confinée par une membrane transparente contient un noyau où sont abritées des molécules d'ADN. Autour de ce noyau s'activent des myriades de molécules géantes : protéines, etc.

Puis voici des petits organismes simples — éponges, méduses, vers marins. Dans les images suivantes, on distingue tour à tour des poissons, des amphibiens, des reptiles, des mammifères, des hominiens et des humains.

Cette séquence a-t-elle été passée dans le sens réel ou dans le sens inversé ? Si la flèche du temps était uniquement marquée par le passage du moins probable au plus probable, quelle réponse serions-nous amenés à donner ? Le critère de plausibilité, qui nous a permis d'identifier correctement le sens des films précédents, risquerait fort de nous induire ici en erreur.

Les papillons font le printemps

La différence essentielle est dans la durée. La séquence du billard américain décrit un événement qui dure quelques secondes. Cette durée reste en deçà de l'horizon prédictif du mouvement des boules. Celle que nous venons de voir résume l'évolution de l'univers sur quinze milliards d'années (bien au-delà de tous les horizons prédictifs). Elle nous prouve à l'évidence qu'à l'échelle cosmique le déroulement du temps n'est pas simplement le passage d'un moins probable à un plus probable prévisible.

A l'échelle de milliards d'années, les lois de la physique permettent à l'univers de s'organiser, mais ne laissent pas prévoir la forme précise que cette organisation prendra. Sans jamais leur désobéir, l'avenir n'est pas implicitement contenu en elles.

Connaître les lois n'est pas, comme le pensait Laplace, savoir épeler un futur prévisible, mais plutôt savoir comment sera administré un avenir «engrossé» de nouveautés. Le sort du monde n'est pas entièrement contenu dans le présent. Sans désobéir aux lois de la physique, la nature peut se livrer à son activité favorite : innover sans limites.

Les «vierges aujourd'huis» sont faits d'événements nouveaux, marqués par le passé mais non déterminés par lui. Leurs avènements influencent le futur, et entraînent dans leur sillage la possibilité d'autres événements inédits. Les aujourd'huis préparent d'autres aujourd'huis.

Revenons, pour résumer ces trois derniers chapitres, au spectacle de nos papillons au-dessus d'un champ de colza. Sous le nouveau regard de la science, que pouvons-nous dire de cet «événement»? En quoi était-il prévisible; en quoi échappait-il à la prévision?

Toute prévision du futur impose d'abord une distinction. Portet-elle sur un événement spécifique, ou sur un ensemble d'événements ? Par exemple, dire : « Il fera froid ici dans un an, jour pour jour » est beaucoup plus spécifique que dire : « La température moyenne de l'hémisphère Nord va se refroidir l'hiver prochain. » On peut, sans trop de risque, parier sur la seconde affirmation. Elle ne porte pas sur un jour et un lieu donnés, mais sur un ensemble de lieux et de jours. Les effets individuels, indépendamment imprévisibles, s'y moyennent pour donner un résultat prévisible.

Que pouvons-nous dire de l'apparition de la complexité dans l'univers ? Reportons-nous par l'esprit aux premiers temps du cosmos. Qu'aurait-on pu prévoir, à partir de nos connaissances actuelles des lois de la physique ?

Les comportements moyens du cosmos se prêtent plus facilement à la prévision que les événements particuliers. La formation des étoiles, quand la température de l'univers a suffisamment baissé, était déjà prévisible, mais non l'apparition du Soleil à tel endroit et à tel moment de la vie de la Voie lactée. De même, on pouvait prévoir la génération des atomes et des molécules par l'activité nucléaire et chimique, mais non la forme précise des dessins de givre sur ma fenêtre, par ce matin d'hiver.

Nous connaissons trop peu de chose sur le mode d'apparition de la vie, pour dire si son avènement aurait été prévisible ou non. Cependant, plusieurs découvertes récentes de l'astrophysique — la présence de molécules contenant jusqu'à plusieurs dizaines d'atomes dans le milieu interstellaire ; la détection d'acides aminés sur certaines météorites ; les expériences de simulation de l'océan primitif de Urey et Miller — nous renvoient toutes le même message : la nature a beaucoup de trucs dans son sac. Son aptitude à organiser les structures matérielles ne cesse pas de nous surprendre. Dans ce contexte, il ne paraît plus absurde de penser que la vie était prévisible, même si notre existence personnelle ne l'était nullement.

Au sujet de nos papillons, on *peut prévoir* que, le printemps venu, ils chercheront à s'accoupler. On *ne peut pas prévoir* la

Papillons au-dessus d'un champ de colza

trajectoire de leurs ébats amoureux au-dessus des champs de colza. Mais on peut prévoir que de ces ébats naîtront d'autres papillons qui tisseront l'aujourd'hui des printemps à venir...

troisième partie

Du point de vue
du rayonnement fossile

8. L'artisan du huitième jour

> J'écris parce que j'ai l'impression ou le sentiment
> que le monde est inachevé, comme si Dieu, qui a
> créé le monde en six jours et qui s'est reposé le sep-
> tième, n'avait pas eu le temps de tout faire. Je
> trouve le monde trop petit, la vie trop courte, le
> bonheur pas assez bonheur. *J'écris pour achever
> le monde, pour ajouter à la création le huitième
> jour.*
>
> Antonine Maillet

J'ai le souvenir d'un rêve exquis qui me revient quelquefois
quand j'arpente les sentiers fleuris de Malicorne. Dans le lointain, une voix chante Mozart. Le « voi que sapete » des *Noces
de Figaro*. Entraîné de mon plein et joyeux accord dans les méandres de la mélodie, je vibre à l'unisson de la musique. Des fris-
sons me parcourent et mon bonheur est ineffable. Tout à l'extase
de ce rêve, un immense sentiment de reconnaissance s'empare
de moi. Je répète inlassablement : « Merci Mozart. Merci d'avoir
existé et d'avoir composé cet air sublime. »

Dans un brouillard onirique, abolissant la distance et le temps,
je le sens là, le compositeur génial, invisible, mais tellement présent. « La terre reprend cette chair mortelle, mais non la poésie », écrivait Aragon à la mort d'Apollinaire. En ce sens au
moins, *la mort n'est pas la fin de l'existence.*

Pourquoi la musique m'est-elle si précieuse ? Parmi mes plus
anciens souvenirs, je vois ma mère au piano. Elle joue la sonate
Appassionata de Beethoven. Les yeux à la hauteur du clavier,

je regarde les doigts qui se tendent pour rejoindre les notes éloignées. Les sons viennent à plaisir quand, relevant légèrement les coudes, elle enfonce les mains dans l'ivoire blanc. J'attends les passages où le bras gauche enjambe le bras droit et poursuit l'accompagnement dans les sonorités élevées.

Souvent interrompue par l'arrivée de mon père, la semi-clandestinité dans laquelle la musique familiale est vécue à cette époque lui donne à mes yeux un attrait immense. « J'aimerais tellement avoir un phonographe », dit un jour ma mère. Je m'entends lui répondre : « Je nous en achèterai un quand je serai grand. »

Il n'a pas été nécessaire d'attendre si longtemps. Le premier tourne-disque, un appareil mécanique à cornet, de type « La Voix de son Maître », est entré dans la maison vers ma huitième année. Quel enchantement ! Avec mes frères et ma sœur, je découvre alors le divin Mozart émergeant à peine des bruits de surface d'un vieux 78 tours. Avec quelle énergie nous tournons la manivelle argentée du gramophone...

Nos économies passent à acheter des disques. Dans le sous-sol du magasin « Archambault », rue Sainte-Catherine à Montréal, les murs tapissés d'albums multicolores disposés en ordre alphabétique nous présentent Bach, Beethoven, Berlioz, Brahms et bien d'autres. Le Palais des Merveilles !

Des milliers d'heures de musique à découvrir. Une source de bonheur inépuisable. Dans les cabines minuscules, surchauffées, les vendeurs tolérants nous laissent au milieu de tant d'œuvres aux noms poétiques : *Le Voyage d'hiver, Prélude à l'après-midi d'un faune, Mort et Transfiguration.* Comment choisir ? Quand l'un d'entre nous revient avec ses achats, de nouveaux amis entrent dans la maison.

L'été nous retrouve dans la maison de campagne familiale, à Bellevue, au bord du lac Saint-Louis. Là, nous échangeons avec nos cousines les découvertes musicales de l'année. Les cantates de Bach s'installent dans la nuit tiède, avec le bruissement des feuilles de peupliers agitées par le vent du lac.

Pendant ces années d'adolescence, je m'enivre de musique, mais je m'intéresse peu aux musiciens. A cette époque, Schubert est l'auteur de *La Belle Meunière* ou de l'*Octuor*. Rien de plus. Plus tard, je prends conscience du fait que, comme vous et moi, Bach et Wagner ont vécu une vie humaine. J'entre dans la réalité historique des auteurs de « mes » musiques.

C'est le moment de la création qui me hante et me fascine particulièrement. Une émotion intense me saisit quand j'imagine Mozart s'asseyant à sa table pour écrire le *Vingtième Concerto pour piano*. Ou Bach préparant une nouvelle cantate pour les paroissiens de Leipzig.

Une pulsion irrésistible

Curieux d'en savoir plus sur ces hauts moments de la créativité humaine, je me plonge alors dans la lecture des biographies de mes artistes favoris, musiciens, peintres ou poètes. Dans la variété des histoires personnelles on retrouve immanquablement le même élément : *une pulsion quasi obsessionnelle de créer*. Dans la souffrance comme chez Beethoven ou Van Gogh, ou dans la truculence du jeune Mozart ; dans la pauvreté matérielle de Rembrandt ou dans la vie luxueuse de Rubens.

Sur cette passion qui les possède, les réponses des créateurs se ressemblent : « Je ne peux pas vivre autrement », « C'est ce qui me maintient dans l'existence, qui donne un sens à ma vie. Cela me possède depuis ma plus tendre enfance... »

Après la lecture de Winnicott (quatrième chapitre), ces mots prennent pour nous des résonances familières. Nous retrouvons ici l'expression de cette volonté de *reconstruire le monde*. « Ce que j'ai dans le cœur, dit Beethoven, il faut que cela sorte, et c'est pour cela que j'écris. » « La musique doit faire jaillir le feu de l'esprit des hommes. Qui pénètre le sens de ma musique sera libre de toute la misère où se traînent les autres hommes. » « Il n'y a rien de plus beau que de s'approcher de la divinité et d'en répandre les rayons sur la race humaine. »

Cette pulsion créatrice se manifeste d'une façon particulièrement puissante dans « l'art brut ». Dans un musée de l'Yonne, nommé La Fabuloserie, on a regroupé des œuvres de créateurs marginaux. Une émotivité bouleversante s'en dégage. Les auteurs, généralement incultes et dénués de soucis esthétiques, ont souvent trouvé dans cette occupation ludique une bouée de sauvetage contre la folie qui les menaçait. Je défie quiconque de regarder sans un pincement de cœur les « tribulations de la petite Mauricette ».

Les racines cosmiques de la créativité

Que dire de plus sur cette pulsion créatrice à laquelle nous devons la splendeur des chefs-d'œuvre artistiques de toutes périodes et de toutes origines ?

Mon but, tout au long de ces promenades champêtres, est de montrer comment les connaissances scientifiques de notre époque peuvent jeter un éclairage nouveau sur l'ensemble de la culture humaine. Je voudrais maintenant, dans cette perspective, aborder le vaste sujet de la création artistique.

Il ne s'agit pas d'expliquer l'art. L'œuvre d'art existe de son plein droit et ne relève d'aucun système explicatif. Il est futile et stérile de penser pouvoir la réduire à quelques éléments logiques ou psychologiques.

Mon but est tout différent. Je vais tenter de retracer l'insertion de la création artistique dans la trame de l'évolution cosmique, telle qu'elle nous apparaît aujourd'hui grâce aux messages des diverses sciences : physique, chimie, biologie, astronomie.

Nous avons compris, grâce aux psychanalystes, en particulier Winnicott, l'importance fondamentale pour l'être humain de reconstruire une réalité enrichie et embellie. Nous découvrirons maintenant de surprenantes analogies entre l'activité de la nature et celle de l'artiste. *Non seulement les deux jouent aux mêmes jeux, mais ils y jouent pratiquement dans les mêmes conditions.* Les jeux de la nature ont engendré une variété quasi illimitée de structures complexes. L'être humain en est une des plus riches. Le créateur artistique s'adonne lui-même à ce jeu dont il est le fruit, poursuivant plus loin encore cette quête perpétuelle de splendeurs nouvelles.

L'art comme terrain de jeu

Pour illustrer la relation subtile entre la nature et l'artiste, je vais évoquer deux images.

Un souvenir familial me permettra d'expliciter, par contraste, le rapport entre le jeu, l'indétermination et la création artistique. Ma mère, dans son grand âge, passait ses heures de loisir à la « peinture par numéros ». Les murs de notre maison en étaient décorés. Sur une toile blanche, on a dessiné les contours d'un paysage ou d'une nature morte. Chaque région du dessin porte un numéro. Ce numéro correspond à un tube de couleurs. En étalant les couleurs indiquées à l'endroit spécifié, on reproduit fidèlement le tableau du catalogue illustré.

Cette activité n'est porteuse de nulle « valeur ajoutée ». La spécification de la marche à suivre nie toute dimension ludique. Il est exclu d'y injecter des éléments différents.

A l'inverse, en associant des couleurs sur sa toile, le peintre cherche à produire du nouveau. A partir d'éléments simples, il veut créer une émotion inédite. Il « joue » et ce jeu engendre de la « plus-value » (dans le langage des économistes). Vingt

grammes de rose corail, dix-sept grammes de rouge Saturne...
On n'a rien dit de la beauté des *Demoiselles d'Avignon* en énumérant la quantité de couleurs déposée par Picasso.

Pour la seconde image, nous évoquerons Jean-Sébastien Bach assis à sa table de travail et préparant sa cantate du prochain dimanche. Sa musique s'inscrit dans la tradition musicale de l'époque. On y reconnaît les règles et les contraintes auxquelles les artistes d'alors acceptent de se plier. Sans être déterminée par celles-ci, l'œuvre y trouve sa forme. Pour les dimanches de Leipzig, Bach a écrit plus de trois cent quarante cantates, toutes différentes, toutes sublimes. Des règles déterminantes l'auraient forcé à répéter indéfiniment la même cantate, dont les paroissiens se seraient rapidement lassés.

Les règles changent. On ne compose pas au temps de Schubert comme au temps de Monteverdi. Mais le rôle des conventions musicales est toujours le même : donner un cadre dans lequel et par lequel l'œuvre d'art puisse se constituer et prendre forme. A condition, encore une fois, que ce cadre soit suffisamment souple pour héberger la diversité et la variété. Pour qu'une réalité nouvelle, une nouvelle gamme d'émotions, paraisse au jour et soit offerte en cadeau à l'humanité.

Le jeu des « propriétés émergentes »

Grâce aux progrès de la recherche scientifique, nous commençons maintenant à comprendre comment la nature fonctionne. Elle a ses trucs, ses recettes favorites, ses façons de procéder. Elle les utilise à tous les niveaux de la complexité. J'en ai rappelé les éléments principaux au sixième chapitre. Il faut y revenir brièvement ici.

Comme Van Gogh juxtapose sur sa toile des couleurs élémentaires pour mettre au monde ses célèbres tournesols, la nature associe des éléments simples pour en faire des éléments nouveaux, plus complexes. Ces associations, dans un ordre bien défini, font apparaître des « propriétés émergentes ». Tout comme le mot « bleu » évoque une couleur que n'évoque pas, même partiellement, chacune de ses quatre lettres, l'eau est un solvant, mais l'hydrogène et l'oxygène, qui constituent ses molécules, n'en sont pas. De même, les milliards de neurones de notre cerveau n'ont pas individuellement la capacité d'étudier l'astronomie.

Pourtant l'association d'éléments simples n'est pas nécessairement créatrice. Sur les tableaux à numéros de ma mère, rien de nouveau ne prenait naissance. Il faut encore un élément crucial : un espace de liberté où « hasard » et « nécessité » se rencontrent et se fertilisent. Au cinquième chapitre nous avons vu comment cet espace de liberté est créé par l'expansion et le refroidissement de l'univers.

Une rétrospective historique

L'extraordinaire diversité des formes, des agencements et des comportements de notre univers contemporain n'existait pas il y a quinze milliards d'années. Voilà sans doute l'apport le plus significatif de l'astronomie à notre réflexion sur la nature du monde.

Les photons du rayonnement fossile nous permettent de reconstituer l'image de l'univers à cette époque [64]. *Cette image est uniformément blanche.* Quelle que soit la direction d'observation, ou la résolution de l'instrument, on ne détecte aucune « granularité », aucune trace des structures à venir. Le « regard » de la physique théorique nous permet d'interpréter cette blanche homogénéité. L'univers d'alors se présente sous l'aspect d'une immense purée indifférenciée de particules élémentaires.

Le contraste extraordinaire entre cet univers ancien et notre monde d'aujourd'hui met en évidence la trame de *l'histoire de l'univers* : la mutation progressive de l'antique monotonie en la richesse de l'état présent.

La physique, la chimie, la biologie nous expliquent les mécanismes de cette mutation. Elles explicitent la nature des forces à l'œuvre et les lois qui les régissent. Elles décrivent les innombrables événements qui ont modifié irréversiblement le visage du cosmos.

L'astronomie nous permet de reconstituer le contexte de cette mutation. Grâce aux régimes de déséquilibre instaurés par l'expansion universelle, les lois ne déterminent que partiellement le cours des événements. A chaque étape, une large palette de « possibles » apparaît. Parmi ceux-ci, un seul deviendra réalité, sans que ce choix ait été en nulle façon prévisible (ce sujet est traité en détail dans le sixième et le septième chapitre).

C'est dans ces espaces que les associations de particules élémentaires, en systèmes de plus en plus complexes, peuvent s'accomplir et engendrer continuellement du *nouveau* et de l'*imprévisible*, du non-programmé.

Dans ce contexte cosmique, l'activité des forces naturelles peut devenir *créatrice*. On peut y voir la source de l'inventivité de la nature. C'est la clef de la formidable variété des êtres et des formes de notre univers.

Elle se manifeste dans le ciel par la grande diversité des astres. On y découvre des galaxies multiformes, spirales, barrées, elliptiques ou franchement irrégulières. On y observe des étoiles de toutes couleurs, aux comportements modérés ou extravagants. On y voit des planètes, des satellites, des astéroïdes, des comètes aux chimies inattendues.

Cette diversité, on la retrouve encore sur la Terre, dans le règne végétal et animal, étalée sur les pages des beaux livres d'images. On l'admire chez les innombrables espèces de fleurs sauvages ou de papillons tropicaux.

La variété des êtres humains est encore plus époustouflante. Nous sommes cinq milliards sur la Terre, tous profondément

146

différents. Chacun d'entre nous a sa personnalité unique, ses sentiments, ses émotions, son histoire individuelle.

L'échange des gènes, au moment de la fécondation, est un des « trucs » de la nature pour étendre toujours plus largement l'éventail des possibilités. Cette recette peut engendrer une gamme illimitée d'individualités différentes. Nous n'épuiserons jamais l'ensemble quasi infini des identités que la nature humaine s'offre à assumer.

Poursuivre l'innovation

Issu de quinze milliards d'années de jeux toujours renouvelés, l'être humain est, à notre connaissance, le produit le plus complexe et le plus performant de la nature. (Je donne ici au mot performant le sens de : capable d'avoir une action importante, bénéfique ou maléfique, sur son entourage.) Pourtant, rien ne nous autorise à voir en lui le point final et l'accomplissement de cette formidable ascension. Rien ne nous assure que ce bel enfant, objet de tous nos narcissismes, épuise les ressources de ces opérations ludiques. Aujourd'hui, sur notre planète, l'être humain est tout simplement un produit « haut de gamme ». Rien de moins, rien de plus...

Les prouesses de l'être humain sont à la hauteur de ses aptitudes. La création artistique le situe directement dans la continuation de ce jeu de la nature dont il est une des réalisations.

Avec le peintre de Lascaux ou celui de la chapelle Sixtine, la nature s'est donné les moyens de poursuivre et de prolonger son activité favorite. Elle a mis au monde un ouvrier capable d'utiliser ses propres « recettes » . Mais dans une nouvelle dimension de liberté et de performance grâce à laquelle elle peut mener plus loin que jamais ce jeu qu'elle affectionne particulièrement [65].

L'artiste prend en charge la mise en œuvre de l'innovation.

Il s'inscrit dans cette tradition universelle d'embellir la réalité. « J'écris pour achever le monde, pour ajouter à la création le huitième jour », écrit Antonine Maillet, poétesse acadienne.

Étendre la palette

Les papillons ne sont pas « gratuitement » beaux. La splendeur de leurs coloris est, au moins partiellement, reliée et dictée par les exigences de la survie. La diversité des formes naturelles n'est pas sans relation avec les impératifs majeurs de la vie. Il faut manger et n'être pas mangé. Il faut avoir des enfants pour transmettre ses gènes. De ces impératifs naissent des contraintes qui limitent sérieusement la dimension ludique des phénomènes biologiques.

Les contraintes de l'artiste sont d'une autre nature. Sa liberté est plus grande. Il étend la palette de la nature. Il peut créer de nouveaux instruments et diversifier les techniques de la création artistique. L'emploi de l'informatique en est un exemple contemporain. L'ordinateur étend la palette de sons offerte par les instruments traditionnels. Il crée de nouvelles sonorités inconnues et inaccessibles à Bach, Mozart et Wagner[66].

Depuis quinze milliards d'années, la nature poursuit sa tâche créatrice. Mozart écrit sa musique et le cosmos est plus beau qu'avant[67]. Mozart est mort depuis deux siècles, mais il est toujours avec nous. Sa musique nous fait vibrer à l'unisson de son âme chantante.

148

Message à l'artiste

Sur l'origine de cette pulsion créatrice, nous avons maintenant quelque chose à dire. Nous ferons d'abord remarquer à l'artiste qui s'interroge, que son mode d'action ressemble singulièrement à celui de la nature. Comme elle, il associe des éléments simples pour obtenir des éléments nouveaux, muni de propriétés émergentes. Comme elle, il travaille sur un mode ludique dans des espaces de liberté propices à l'éclosion de l'imprévisible.

Nous lui dirons aussi que son activité le situe dans une tradition de créativité aussi vieille que le monde. On la reconnaît déjà dans l'éblouissante lumière de la purée primordiale. On la suit à la trace dans les immenses espaces interstellaires, dans les brasiers stellaires, dans les débris d'étoiles explosées et à la surface des socles planétaires.

Elle est la source vive de la diversité cosmique. On lui doit l'apparition ininterrompue de structures nouvelles, aptes à engendrer d'autres structures plus complexes encore… Pas à pas, elle élabore la complexité cosmique en accouchant, à leur heure, des nucléons, des noyaux atomiques, des atomes, des molécules, des cellules et de tous les organismes, y compris de l'artiste qui s'interroge sur ses propres états d'âme.

La naissance de l'art abstrait, au début de notre siècle, a relancé la question de l'esthétique. L'identification de l'élément clef de cette épopée naturelle — le jeu dans la plus grande liberté — peut ici nous servir de guide. Qu'est-ce que l'art ? Quels sont les critères de la beauté ?

La nature essaie tout, ne se prive de rien, ne se censure jamais. Elle est boulimique d'expériences nouvelles. En cas d'échec, elle ne pleure jamais sur les pots cassés. Elle repart « bille en tête ».

149

Les résultats sont jaugés à la mesure de leur vitalité. Non pas « d'où ça vient ? » mais « qu'est-ce que ça donne ? ». « On ne juge pas l'arbre à ses racines mais à ses fruits », dit pertinemment l'évangéliste.

Si, dans son activité favorite, la nature ne s'impose pas de limites, on voit mal pourquoi l'artiste s'en embarrasserait. Tel pourrait être le conseil esthétique à dégager de la réinsertion de l'activité artistique dans le cadre de l'évolution cosmique.

Sur le même thème, notre parcours nous permet de reprendre une question qui a fait couler beaucoup d'encre. Le « beau » existe-t-il dans la nature ou bien est-il l'apanage des seules productions humaines ?

Dans l'optique des pages précédentes, la distinction entre les œuvres de la nature et celles des hommes s'estompe. Elles appartiennent à la même tradition créatrice. La beauté est d'abord une expérience intime entre le moi et l'univers. A l'univers, je dois, à la fois, la possibilité *intérieure* d'admirer le beau et les éléments *extérieurs* de beauté à admirer, quelle qu'en soit l'origine.

Les six premiers jours, l'univers a engendré le coucher de soleil qui illumine le ciel au moment où je sors de la forêt. Au huitième jour, la mélodie de Mozart est née, qui continue à chanter dans ma tête.

9. Une cheminée dans la campagne

à ma fille Evelyne

> Je demande qu'un paradoxe soit accepté, toléré et qu'on admette qu'il ne soit pas résolu. On peut résoudre le paradoxe si l'on fuit dans un fonctionnement intellectuel qui clive les choses, mais le prix payé est alors la perte de la valeur du paradoxe.
>
> Winnicott, *Jeu et Réalité*

Cette promenade nous amène dans les Cantons de l'Est, au Québec, près de la frontière américaine.

Au tournant d'un sentier, on aperçoit les premiers bâtiments d'un village. Les avenues sont bordées de maisons aux jardins fleuris. La municipalité a mérité, cette année, le prix d'aménagement floral de la région. Un peu plus loin, rigide, se dresse la cheminée d'une usine qui crache des torrents de fumée noirâtre. Les arbres, jusque loin alentour, n'ont plus de feuilles. Mais l'usine fait vivre le village.

Cette image m'est revenue en mémoire, récemment, en préparant un exposé pour un congrès de droit constitutionnel à Québec. Le sujet du congrès — la défense de l'environnement — me fournissait l'occasion de situer l'activité juridique dans le contexte de notre nouvelle vision du monde.

151

Les lois du ciel et des atomes

Enfant, on parlait beaucoup de droit autour de moi. Il y avait plusieurs juristes dans ma famille. Ces discussions m'intéressaient peu. Elles me paraissaient futiles et dérisoires. Il y avait autre chose à faire dans la vie, me semblait-il, que de s'impliquer dans des problèmes de murs mitoyens ou d'héritages.

La sérénité du monde des étoiles, les mystères des atomes et des molécules m'attiraient bien autrement que les méandres et les chinoiseries de la procédure administrative. Les lois éternelles, universelles et inviolables qui règlent les mouvements des planètes et des électrons me semblaient infiniment plus dignes d'attention que les lois humaines, changeantes, régionales, et, en pratique, constamment transgressées.

Une réflexion amorcée dans le cadre de l'astrophysique contemporaine m'a amené à revoir mes positions. Pour apprécier le rôle de la législation humaine dans l'économie du cosmos, il m'a fallu d'abord prendre conscience d'une dimension fondamentale de la nature : la complexité. En parallèle avec « l'infiniment petit » des atomes et « l'infiniment grand » des galaxies, il faut aussi considérer « l'infiniment complexe » de la vie. C'est dans cette dimension que, en dépit de ses failles et ses vicissitudes, la jurisprudence humaine trouve sa justification et sa pertinence.

La fureur de créer

Comme dans tous les chapitres précédents, l'histoire de l'univers, telle qu'elle émerge des connaissances scientifiques contemporaines, est le point de départ de ce nouveau parcours. Dans une première section, nous analyserons le statut de la législation dans le monde de la matière dite « inerte ». Nous irons ensuite au royaume des vivants.

La plus vieille image du monde a été émise il y a quinze milliards d'années. Nous avons eu plusieurs fois l'occasion de décrire l'importance de cette image pour notre réflexion. Elle nous montre un état passé de l'univers bien différent de l'état présent. A cette époque, le cosmos est extraordinairement chaud, extraordinairement dense, mais surtout totalement désorganisé. C'est le « chaos », tel que l'entrevoyait le poète grec Hésiode, contemporain d'Homère.

Par « chaos », il faut entendre ici : absence de structures organisées. Pas d'animaux, ni de plantes, bien sûr, mais aussi pas de galaxies, pas d'étoiles, pas même de molécules ou d'atomes tels que la physique nous les présente aujourd'hui. L'univers d'alors est constitué d'une immense purée de « particules élémentaires ». Libres et indépendantes, elles errent au hasard dans ce torride espace.

Par contraste, regardons l'univers d'aujourd'hui. Prenons comme exemple notre corps humain, avec son cerveau pensant. Nous y retrouvons les mêmes particules élémentaires, mais dans un état complètement différent. Les milliards de milliards de particules dont nous sommes faits sont associées, agencées, combinées dans un organisme d'une complexité fantastique, dont le comportement nous échappe encore largement. Grâce à cette organisation, nous sommes en mesure de percevoir, et de prendre conscience du monde qui nous entoure.

L'histoire de l'univers peut être racontée comme le récit de cette extraordinaire métamorphose. Dans *Patience dans l'azur*, j'ai décrit comment les différentes sciences naturelles : physique, chimie, biochimie, biologie, avec le concours de l'astronomie, nous en racontent, tour à tour, les différents chapitres.

En peu de mots, l'apparition de la variété des atomes et des molécules est due à l'activité des forces nucléaires et électromagnétiques cherchant à engendrer des structures de plus en plus stables. Cette activité est régie par un ensemble de « lois physiques » qui déterminent le cours de ces événements.

Les nombreuses espèces atomiques, engendrées par l'effet de

la force nucléaire au centre des étoiles, se dispersent dans l'espace à la mort de l'astre. Là, ces atomes se joignent, grâce cette fois à la force électromagnétique, pour former l'immense variété des espèces moléculaires. La diversité moléculaire se « greffe » sur la diversité atomique. De greffe en greffe, la nature invente continuellement des solutions nouvelles au problème d'exister. Elle édifie une troisième échelle : celle de la complexité.

Dans ce chapitre, je me propose d'analyser la nature de la « législation » requise pour promouvoir cette ascension. Le vol de nos papillons, au cinquième chapitre, en a mis en évidence une caractéristique fondamentale. Les forces, en soudant les structures matérielles, engendrent la diversité de la nature. Pourtant l'existence de ces forces de cohésion ne suffit pas à assurer l'éclosion de la variété et de la complexité. Elles pourraient tout aussi bien neutraliser la complexité, et mener directement à la monotonie. Pour éviter cette catastrophe, une condition s'impose : que les lois ne soient pas entièrement déterminantes. Rien de nouveau ne pourrait jamais arriver si l'hégémonie des diktats législatifs était totale.

Comme nous l'avons vu auparavant, l'expansion et le refroidissement de l'univers ont mis en place des « espaces de liberté » qui encadrent et limitent la toute-puissance des lois naturelles. Les forces peuvent y élaborer la complexité cosmique sans risquer de l'annihiler aussitôt. Cette exigence de souplesse des lois du monde inerte, nous allons la retrouver, singulièrement amplifiée, dans le monde chez les vivants.

La loi de la jungle

Nous avons étudié la législation du monde atomique et moléculaire. Nous passons maintenant aux échelons supérieurs de la pyramide de la complexité, là où nichent les êtres vivants, plantes et animaux.

La majestueuse indifférence des atomes et des corps célestes ne se retrouve guère aux échelons supérieurs de la complexité. C'est, selon l'expression populaire, la « loi de la jungle ». Tous les coups sont permis, chacun pour soi, et que le plus fort l'emporte [68].

Les études éthologiques contemporaines confirment pleinement l'aspect immoral — ou plutôt amoral — des comportements animaux. La faim justifie toujours les moyens. La nature est efficace et intelligente, mais l'éthique n'est pas son fort. Pour assurer la survie de l'espèce, toutes les stratégies sont permises : mensonges, coups bas et fausses représentations.

Un bourdon trouve chez une orchidée le dessin, les couleurs, la texture et même le parfum de sa femelle. Leurré et déçu, il repart avec le pollen fertilisateur assurant ainsi la reproduction de la fleur.

Une autre fleur dégage une odeur de charogne. Sa couleur, sa texture sont celles d'une viande avariée. Elle pousse l'art du mimétisme jusqu'à se couvrir d'une mince toison suggérant une fourrure animale. Une mouche se présente, à la recherche de cadavres en décomposition. Elle veut y déposer ses œufs pour que les larves écloses y trouvent leur nourriture. Trompé par le déguisement, l'insecte y laisse ses petits mais repart, chargé de pollen, vers une autre fleur. Les larves meurent de faim mais la fécondation a eu lieu…

Le coucou ne se donne pas la peine de nidifier. Il dépose ses œufs dans les nids d'autres oiseaux. Pour s'assurer que les parents trompés nourriront convenablement ses propres rejetons, il en éjecte les œufs de ses hôtes involontaires.

Une législation à courte vue

L'égoïsme anarchique n'est pourtant pas l'unique règle de comportement de la nature vivante. Les ruches et les termitières nous donnent l'exemple de sociétés animales parfaitement policées.

Dans ces sociétés, chacun est soumis à une législation stricte et immuable. A l'arrivée de l'ennemi, les guerriers se mettent en marche tandis que, impassibles, les ouvriers poursuivent leur travail. Caractéristique importante : l'individu ici est entièrement subordonné au groupe. Au besoin, il sera inexorablement sacrifié.

Où est le code civil ? Comment chacun connaît-il son devoir et ses responsabilités ? Il s'agit vraisemblablement d'une programmation génétique dont l'efficacité nous plonge dans l'émerveillement. Pourtant, malgré l'apparente perfection du fonctionnement de ces sociétés animales, la législation en cours n'est pas sans problème. Un regard plus approfondi en révélera plusieurs caractéristiques potentiellement litigieuses, quand nous reverrons la situation de plus haut, du «point de vue du rayonnement fossile».

Le pouvoir coercitif de cette législation semble ici absolu. L'esprit révolutionnaire, la désobéissance et la rébellion n' y ont pas de place. Résultat : une société parfaitement conservatrice qui répète continuellement les mêmes gestes. Une entité intemporelle dans laquelle toute possibilité d'amélioration semble exclue [69]... Les lois dures et intangibles qui assurent l'harmonie de la vie de la ruche neutralisent en même temps toutes possibilités de progrès et d'évolution [70].

Seconde caractéristique : cette législation est entièrement axée sur le bien d'une société déterminée, une ruche, une termitière, une fourmilière. Le restant du monde n'existe que pour être utilisé. Les fourmis capturent des colonies d'insectes et les asservissent à leurs besoins. Elles leur coupent les ailes et les enferment dans l'obscurité pour les traire. Tout pour les fourmis, rien pour les insectes asservis.

Ces caractéristiques en font apparaître une autre, beaucoup plus grave : *l'absence de conscience planétaire*. Les sauterelles qui déferlent aujourd'hui sur le Sahel ont une seule loi : dévorer toutes les feuilles possibles. Elles «ignorent» que la désertification qu'elles accélèrent pourrait se retourner contre elles, et leur être fatale. Cela, la nature ne l'a pas inscrit dans leurs gènes.

A ce type de problèmes, la nature a «prévu» d'autres solutions. Quand il n'y a plus de verdure, les sauterelles sont décimées par la famine. Les arbres repoussent et les sauterelles prolifèrent à nouveau. Comme dans le capitalisme le plus sauvage, la nature semble compter uniquement sur l'équilibre des forces en présence pour le maintien de la vie sur la Terre.

A longue échéance, cet équilibre est instable. La nature se comporte comme si les ressources terrestres étaient inépuisables. Les catastrophes irréversibles que pourrait entraîner la détérioration progressive de l'environnement ne semblent pas entrer dans son champ de préoccupations. Pas plus que la vie des individus, la survie de la biosphère ne semble être son problème. Aurait-elle oublié combien notre planète, fabriquée par ses soins il y a 4,5 milliards d'années, est limitée et fragile? L'avènement de l'espèce humaine va se charger de le lui rappeler[71].

Un paradoxe incontournable

Cette discussion nous mène à une situation paradoxale. En tant que produit de l'évolution biologique, l'être humain *fait indubitablement partie de la nature*. Pourtant, en regard de l'ensemble des êtres vivants, son extraordinaire niveau de performance nous invite à lui accorder un statut spécial. On peut, d'une certaine façon, le considérer comme *hors de la nature*.

Cette double situation est une source d'ambiguïté. Le biologiste Jean Dausset écrit : «La nature *ne parle pas*, c'est l'être humain qui parle.» Il serait tout aussi défendable de dire que l'être humain *donne une voix* à la nature.

La nature, disent certains, n'a pas de «cœur». Elle est indifférente à la douleur des êtres. Pourtant, tout au long de l'histoire, des êtres humains se sont révoltés contre l'injustice. D'autres ont consacré leur existence à la compassion et à l'aide humanitaire. D'où leur viennent ces sentiments louables et la capacité de les mettre en œuvre sinon de la mère-nature? Ces hommes et ces femmes ne sont-ils pas le « cœur » de la nature?

Cette difficulté peut devenir la source d'un éclairage nouveau si, au lieu de choisir l'un ou l'autre point de vue, on joue le jeu de les prendre tous les deux.

A cette fin, on divisera en trois volets l'histoire des rapports houleux entre l'homme et la nature. Les deux derniers volets, qui se chevauchent partiellement, seront ensuite observés successivement sous les deux angles : « l'homme est dans la nature » et « l'homme est hors de la nature ».

La nature-avant-l'homme

Notre premier volet correspond à la période comprise entre les premiers temps de l'univers, il y a quinze milliards d'années, et l'apparition de l'homme, il y a deux millions d'années.

Au cours des ères, le cosmos émerge du chaos initial. Grâce à l'action des lois de la physique, la matière se complexifie. Sur notre planète, la vie apparaît et se développe dans son extraordinaire diversité. La Terre s'enrichit de millions d'espèces vivantes.

La situation litigieuse est déjà amorcée. L'âpre compétition provoque d'innombrables conflits. Grâce aux instincts régulatoires mis en place par le procédé évolutif, les dégâts demeurent limités. Ils ne menacent pas l'harmonie de la planète. Pourtant, en germe, il y a tous les éléments qui, plus tard, assombriront le paysage.

Les premiers vivants se nourrissent de substances minérales.

Plus tard, naissent les herbivores qui tuent les plantes pour se nourrir. Puis les carnivores apparaissent dont l'existence dépend de la mort d'autres animaux. Cette « échelle alimentaire » répond aux exigences d'une logistique de « performance ». On y reconnaît l'obsession perpétuelle de la nature, celle de mettre au monde des structures toujours plus complexes, aux comportements toujours plus élaborés.

On peut, en tout anthropomorphisme, se demander si la nature n'a pas eu un pincement de cœur quand le premier carnivore a tué pour se nourrir. Un doute ? Un regret ? Avait-elle vraiment voulu cela ? Voulait-elle vraiment s'engager dans cette voie ? (Note au lecteur que cette personnification de la nature irrite : utilisez votre provision de guillemets !)

La nature menacée

Le deuxième volet commence à l'apparition de l'être humain dans la savane africaine. Par migrations successives, il occupe bientôt tout l'espace disponible sur la planète.

Emporté dans sa frénésie d'inventivité, après une gestation de quinze milliards d'années, l'univers a accouché d'un « mutant » prodigieux. La capacité d'adaptation et la compétitivité sont les ferments et les moteurs de l'évolution biologique. L'être humain est le fruit de la splendide immoralité où la nature exerce sa fureur de créer. A ce jeu, il joue mieux que quiconque. Il est le champion toutes classes mélangées. Il rencontre victorieusement les plus graves difficultés. Il s'adapte à toutes les situations. Il s'installe, avec son confort, sous toutes les latitudes et dans tous les climats. Il se prépare aujourd'hui à vivre dans l'espace.

Avec le développement de la science et de la technologie, l'homme modifie considérablement la planète qu'il habite. Il aménage la nature et transforme la campagne. A part les paysages arctiques, toutes les régions ont été plus ou moins altérées par sa présence.

Rien ne lui résiste. Son influence est singulièrement accélérée par l'apparition de la civilisation occidentale qui n'a plus, comme les cultures traditionnelles, le respect de la nature. Un grand nombre de biotopes et d'espèces vivantes disparaissent. Les forêts se rétrécissent et les sous-bois deviennent des parkings. L'asphalte et le béton sont les manifestations de cette nouvelle et menaçante monotonie.

Monet à Argenteuil, Seurat à Louveciennes, je connais depuis longtemps les noms de ces lieux magiques qui ont inspiré les peintres impressionnistes. Quelle déception et quelle désolation quand j'ai vu, pour la première fois, les berges de la Seine ! Au plaisir de revoir ces tableaux se mêle aujourd'hui une note de tristesse et d'angoisse ; tristesse par rapport au gâchis, angoisse par rapport à l'avenir des lieux encore verdoyants. Que deviendront, dans les décennies à venir, les sentiers ombragés de Malicorne ? La menace qui pèse sur eux les rend, à mes yeux, plus précieux encore.

Avant l'homme, des garde-fous naturels servaient à maintenir les équilibres instables engendrés par la compétition et la lutte pour la survie. En inventant la stratégie de l'intelligence, la nature les a rendus caducs. L'être humain peut désobéir aux injonctions génétiques. Il peut s'éliminer lui-même, exterminer ses proches, voire l'espèce entière. Il en a aujourd'hui les moyens.

Chez le petit *Homo sapiens* tout est démesure. Il y a, intimement mélangé, du sublime et de l'horrible. Il y a, en puissance, Wolfgang Amadeus Mozart et Adolf Hitler.

Dans la nature, la pulsion reproductrice manifeste une imagination illimitée. Elle a donné naissance à une extraordinaire panoplie de stratégies sexuelles [72]. Cette vitalité fantastique, qui a propagé les espèces vivantes dans tous les coins de la planète, entraîne aujourd'hui le risque d'une surpopulation explosive. Elle dresse le spectre d'une extension, à l'échelle planétaire, des bidonvilles du Caire ou de Calcutta. La surface de la Terre est limitée. Sa capacité d'hébergement n'est pas infinie. Mais la nature ne semble pas le savoir.

Selon la convention définie précédemment, nous allons maintenant revoir ce deuxième volet à partir de nos deux points de vue paradoxaux.

Vue sous l'angle « l'homme hors de la nature », l'arrivée de l'être humain apparaît ici comme une catastrophe cosmique. Notre planète est « infestée » d'hommes qui semblent décidés à saboter l'admirable harmonie de la nature. Ils pourraient bien la ramener à sa stérilité initiale, dont la Lune nous offre l'image quand, la nuit, nous l'observons aux jumelles.

Sous l'angle « l'homme dans la nature », l'être humain se montre, dans ce deuxième volet, comme le révélateur des faces sombres de la nature. Il est la preuve indéniable de son comportement irréfléchi, semblable à celui de l'apprenti sorcier des contes de notre enfance. Il met au grand jour son irresponsabilité et son manque de conscience planétaire. Il montre son aveuglement par rapport à l'impasse léthale dans laquelle elle se trouve maintenant.

Poussée par sa propre politique d'inventivité et son obsession à créer toujours du plus complexe et du plus efficace, la nature semble s'être engagée dans une situation qui pourrait bien se retourner contre elle. Elle a mis au monde une espèce néfaste capable de neutraliser les instincts régulatoires qui assuraient la pérennité de la vie terrestre. Une espèce déjà en mesure d'exterminer la vie sur la Terre. Tel est le sombre constat qui émerge de ce deuxième volet.

Le responsable de la nature

Le troisième volet débute il y a un siècle ou deux. Les humains prennent enfin conscience de la menace qu'ils font peser sur la vie planétaire. C'est l'avènement du souci écologique. Tandis que la détérioration du paysage se poursuit et s'accélère, l'être humain se sent devenir responsable de l'avenir de la nature.

Après un long passé d'agression et de brutalité, après l'extinction de nombreuses variétés végétales et animales, l'humanité manifeste le désir de protéger la vie. Des espèces, qui semblaient vouées à l'extermination, sont sauvées *in extremis*... Au Kenya, d'immenses populations de flamants roses nous font oublier que, il y a quelques décennies à peine, on les croyait à jamais disparus.

De tels événements méritent d'être salués. Dans le cadre de l'évolution cosmique, leur portée s'étend bien au-delà de la vie des espèces épargnées. Par rapport au comportement antérieur des humains, ils représentent un espoir pour l'avenir de l'intelligence sur la Terre. C'est à l'échelle de l'univers entier que ces événements prennent leur valeur symbolique.

Sous l'angle « l'homme hors de la nature », l'être humain est perçu, dans ce troisième volet, comme celui qui peut *sauver* la nature. Il lui faut, tout comme le maître sorcier du conte de fées, venir au secours de l'apprenti sorcier. Il doit reprendre le contrôle d'une situation explosive. L'humanité est acculée aujourd'hui à prendre en charge l'avenir de la complexité. Il lui incombe de gérer les formidables, mais irresponsables, pulsions créatrices de la nature.

Sous l'angle « l'homme dans la nature », on voit, dans ce troisième volet, *la nature devenir consciente de l'impasse dans laquelle elle s'est engagée.* Elle se sent forcée de se dépasser elle-même et de quitter cette obsession des performances auxquelles elle s'était jusque-là confinée. Elle investit le domaine des valeurs. Par l'avènement du sens moral chez les humains, elle ouvre les yeux et devient responsable. L'homme est la conscience de la nature.

Une juridiction de la complexité

Nous retrouvons ici le thème de ce chapitre : *l'éclosion de l'organisation requiert une législation à sa mesure.* Contrairement à « l'infiniment grand des étoiles » et à « l'infiniment petit des atomes », « l'infiniment complexe de la vie » n'est pas donné une fois pour toutes. Il est fragile et toujours menacé. Sa juridiction doit s'adapter à l'inextricable écheveau de la psyché humaine. Il n'est plus question d'y retrouver la simplicité et l'élégance olympienne des lois de la nature. Il importe de lui associer une subtile et tolérante mouvance, plus proche de la réalité humaine.

Contrairement aux injonctions génétiques des fourmis, inéluctables et incontournables, la législation de l'infiniment complexe doit permettre l'éclosion des pulsions fertiles qui ont présidé à la croissance de la complexité et à l'apparition de l'intelligence humaine. Suffisamment souple pour encadrer et promouvoir la créativité, elle doit intégrer, tout en les respectant, les paradoxes et les facettes contradictoires de la réalité.

Consciente des ombres maléfiques que la nature a accumulées au-dessus d'elle-même, cette législation doit canaliser, *sans les neutraliser*, les aveugles « ferments de la vitalité cosmique ». Il faut sauver, à la fois, la chèvre et le chou. Il faut assurer la coexistence et l'épanouissement simultané *du moi, du groupe et de la planète.*

Écologie et cheminées

Je m'associe, quand je le peux, aux manifestations et aux activités des Verts et des écologistes. Dans l'arène politique, ils sont ceux qui voient loin. Ils se préoccupent de conserver à notre planète son habitabilité et sa beauté.

Devant la cheminée d'usine, crachant en permanence des colonnes de fumée dans la campagne, nous avons eu une longue et fructueuse discussion. A cette vue, comme eux, j'ai ressenti indignation et colère. Pourtant, du haut de notre confort et de notre sensibilité écologique, nous oublions facilement l'envers de la médaille. L'usine fait vivre le village qu'elle inonde de sa suie. Pendant les grandes famines médiévales, le ciel était propre et la campagne non polluée.

Il nous faut préserver l'environnement et l'industrie. Conserver la splendeur de la campagne et assurer notre existence. Comme toujours, rien ne sera simple.

Un cas concret : l'avortement

On peut illustrer cette difficulté par un exemple concret : le problème de l'avortement. Je voudrais présenter le résultat de réflexions toutes personnelles sur ce sujet [73].

A la question : « A partir de quel moment le mot "tuer" s'applique-t-il ? », il faut, à mon avis, répondre : dès la jonction des gamètes mâles et femelles. Après la conception, débute une trame de développement continu qui ne permet aucun découpage. L'avortement est un meurtre.

La mère, pour se justifier, peut invoquer la « légitime défense ». Mais l'enfant, s'il pouvait s'exprimer, ferait valoir son droit à l'existence. Nous rencontrons ici une situation essentiellement contradictoire, où tout raisonnement qui se voudrait logique et rigoureux ne pourrait qu'être inapplicable.

L'expérience du passé montre que la majorité des femmes concernées avorteront quelle que soit la législation du lieu. Les modalités cependant risquent d'être différentes. Sur une table de cuisine, avec des instruments de fortune, si l'acte est interdit ; dans une clinique aseptisée et avec tous les auxiliaires de la médecine moderne s'il est autorisé. Cette observation suffit, à mon avis, à justifier une attitude tolérante vis-à-vis de l'avortement.

Loin de la sérénité des atomes, des molécules et des planètes, la loi la plus sage dépassera les injonctions d'une utopique logique pour s'insérer, le moins mal possible, dans les méandres d'une réalité contradictoire.

Garantir et promouvoir l'éclosion de la complexité

Des régimes totalitaires, on dit que *tout ce qui n'y est pas interdit y est obligatoire*. Dans des conditions sociales où une législation toute-puissante ne laisse pas de place à la liberté, aucune nouveauté, aucune créativité n'est possible. Quand l'idéologie officielle prétend imposer ses directives aux artistes, les résultats sont lamentables.

A l'opposé, l'organisation de la vie personnelle serait quasiment impossible dans une société parfaitement anarchique. Imaginons, seulement, l'embouteillage qui sévirait si, dans un suprême élan libertaire, on abolissait les lois de la circulation automobile.

La réalité concrète pose des problèmes précis. Toute jurisprudence reflète une certaine vision du monde. Ici nous retiendrons que seule une société régie par des lois souples et peu contraignantes peut assurer à la fois l'organisation de la vie et l'éclosion de la créativité. C'est la recette que la nature utilise depuis quinze milliards d'années. Nous lui devons la richesse et la splendeur de notre cosmos.

Contrairement aux lois des atomes et des étoiles, les lois humaines ne sont ni universelles ni inviolables. Elles prolongent les lois physiques dans la gestation et la gestion de notre univers. Elles s'inscrivent dans le paysage cosmique en tant que garantes de la complexité, issue de milliards d'années d'évolution universelle.

10. Un clocher
au-dessus des hêtres pourpres

La Nature est un temple où de vivants piliers
Laissent parfois sortir de confuses paroles ;
L'homme y passe à travers des forêts de symboles
Qui l'observent avec des regards familiers.

Charles Baudelaire

Le clocher de Malicorne se laisse voir de très loin dans la campagne. Au-dessus des champs de blé, sa silhouette grise s'encadre bien dans le paysage. Il sonne toutes les heures du jour et de la nuit. Ses appels à la prière nous remettent en mémoire la ferveur religieuse des temps passés. Aujourd'hui la porte presque toujours verrouillée de l'église nous envoie un autre message : le clocher a survécu à la tradition.

L'image de ce clocher désuet nous interroge sur les rapports houleux entre la science et la religion. Dans l'esprit de ces parcours champêtres, nous essaierons de situer la fonction religieuse dans le cadre de l'évolution cosmique. Quel sens pourrait maintenant prendre ce carillon de joyeuses notes dans la campagne ?

Dieu est-il mort ?

L'historien Plutarque raconte l'histoire suivante. Pendant une tempête, un capitaine de vaisseau entendit une voix qui criait : « Le grand Pan est mort... » A son arrivée au port il porta ce message aux Grands Prêtres romains qui lui enjoignirent de le garder pour lui. Ce message devait rester confidentiel. Pour les initiés seulement. Il le demeurera longtemps.

La contestation antireligieuse reparaît en Occident avec le développement de la science. S'appuyant sur son « infaillibilité », l'Église durcit alors ses positions philosophiques. Elle cherche à imposer par la force son empire intellectuel. Mais elle perd une fraction de plus en plus importante de la population « éclairée ».

La cote de la divinité est en chute libre. A Napoléon qui lui demande la place de Dieu dans sa théorie de l'origine des mondes, Laplace répond : « Sire, je n'ai pas eu besoin de cette hypothèse. » A la fin du XIXe siècle, Nietzsche clamera la mort de Dieu [74]. (Dans ce chapitre, nous croiserons plusieurs fois les parcours de Nietzsche.) La religion n'est plus qu'un pauvre paravent contre l'angoisse de la mort. Sa persistance ne tient qu'à l'ignorance des véritables enjeux de la réalité. La simple honnêteté intellectuelle impose à toute personne exposée au discours scientifique l'obligation d'abandonner toute forme de croyance religieuse. Avec une bonne éducation, chacun cessera de croire au père Noël.

Le magnétoscope est un instrument instructif, parfois cruellement révélateur. Au cours d'un forum télévisé sur l'origine de la vie, une romancière demande : « Et Dieu là-dedans ? » Malaise général. « Oh, quelle horreur ! », répond un éminent académicien. Saisissant son propre ouvrage, il en lit un extrait bien senti, pour enfoncer le nez de cette dame indigne dans son immonde question. Le cameraman promène son objectif sur la communauté savante, retranchée dans son silence. Quand le meneur de jeu aborde un autre sujet, on respire. L'épreuve est terminée. On se retrouve entre gens bien élevés. Plus récemment, un astrophysicien qui avait osé confesser ses croyances religieuses à la télévision se faisait répondre par un collègue condescendant : «Votre cas ''relève'' des sciences humaines...»

La science ou la religion?

Mon activité de diffuseur des connaissances scientifiques me plonge régulièrement au cœur de cette problématique. Les périodes de questions qui font suite à mes conférences y prennent souvent des allures de forums. De nombreuses personnes y disent leurs interrogations et leurs positions philosophiques.

Exprimée plus ou moins ouvertement, la préoccupation de Napoléon fait régulièrement surface. La synthèse des sciences que je présente en conférence laisse-t-elle une place à la divinité? Quand la question est posée, une rumeur de soulagement et d'approbation se fait entendre. Quelqu'un a dit les mots qu'on n'osait pas prononcer.

Dissipons d'abord le malentendu que révèle une question souvent posée : «Faut-il croire à la science ou à la religion?». Cette question montre que, pour nombre de nos contemporains, la science se présente comme une croyance. Il faudrait choisir entre deux croyances opposées et incompatibles.

La science n'est pas une «croyance». Contrairement aux enseignements révélés des religions traditionnelles, nous n'attendons pas de nos étudiants qu'ils acceptent sans preuve nos affirmations. Autant que d'enseigner les théories, notre tâche est de développer chez eux cet esprit critique, marqué de scepticisme et de rigueur, sans lequel les sciences ne feraient aucun progrès. Nombreux sont les étudiants qui n'arrivent jamais à l'assimiler... parce que nombreux sont les enseignants qui n'y sont pas arrivés eux-mêmes...

Des rôles différents

La science n'est pas une croyance religieuse, et Dieu n'est pas une hypothèse scientifique. Qu'en est-il alors des enseignements religieux en regard des enseignements scientifiques ? Nous nous interrogerons d'abord sur les rôles respectifs de la science et de la religion dans le champ de l'activité humaine.

Traditionnellement, la science a eu pour rôle de renseigner les humains sur la nature du monde dans lequel ils vivent. L'astronomie, la physique, la chimie, la biologie explorent, chacune à sa façon, un domaine de la réalité. Elles en démontent les mécanismes naturels pour ensuite en refaire une synthèse cohérente.

La science, en tant que science, ne s'intéresse pas au problème des « valeurs ». Elle est indifférente aux questions de « bien » et de « mal ». Elle ne porte pas de jugements moraux.

Elle peut nous enseigner *comment* faire des bombes atomiques ou des manipulations génétiques mais elle ne peut pas répondre à la question morale : *devons-nous, ou non*, fabriquer des engins nucléaires ou entreprendre un programme de manipulations génétiques ? Même la décision de « faire de la science ou de n'en pas faire » n'est pas du domaine de la science.

En parallèle avec le monde à découvrir, il y a pour chacun d'entre nous la question fondamentale de la vie à vivre. Nous sommes confrontés aux problèmes permanents de l'existence humaine : la maladie, la souffrance, la guerre, la mort. Avec l'évolution des sociétés, des conflits nouveaux surgissent auxquels il faut faire face. Des rapports sont à créer à chaque niveau : familial, professionnel, national, international. Des normes sont à adopter, des législations à inventer pour que la vie soit et demeure vivable.

Dans quelle sorte de société voulons-nous vivre ? Quel mode d'existence voulons-nous créer pour nous et nos enfants ? Tel est le cadre dans lequel doivent s'insérer et se résoudre les problèmes posés par le développement des sciences et des techniques. Ces questions vont de l'élaboration des arsenaux militaires, à la construction de barrages sur la Loire ou de lignes électriques sur le fleuve Saint-Laurent. Devons-nous nécessairement réaliser tout ce que, grâce à la technique moderne, nous savons et pouvons faire ? Telles sont les interrogations qui se posent à nous et par rapport auxquelles la science est incapable de nous donner des réponses.

Ce domaine des valeurs et des normes est traditionnellement associé à celui de la morale et de l'éthique. Historiquement, il a été pris en charge par un ensemble de religions variées, distribuées à la surface du globe. Il a toujours entretenu des rapports étroits avec les systèmes philosophiques et métaphysiques.

En peu de mots, la science est le domaine de l'acquisition des connaissances en tant que telles, indépendamment de ce qu'elles signifient pour nous. La religion, en tant que génératrice d'une morale, est le domaine de l'interprétation de la réalité en rapport avec nous, notre situation et notre comportement.

On retrouve là l'idée d'*évaluation* chère à Nietzsche. « Ce qui importe, écrit-il, ce n'est pas tellement ce qui est vrai, mais ce qui aide à vivre. » Les théories doivent être jaugées en rapport avec leur aptitude à être des ferments de vitalité.

Les intrusions territoriales : a. la religion envahit la science

Ces considérations semblent délimiter, au moins dans leurs grands axes, les domaines respectifs de la fonction scientifique et de la fonction religieuse. On peut alors se demander l'origine des conflits historiques entre scientifiques et religieux.

Les intrusions territoriales sont à la base de nombreux accrochages. A plusieurs reprises, les religieux ont envahi le domaine

171

de la science. A partir d'enseignements révélés, ils ont prétendu pouvoir dire « comment le monde est fait ».

Ces accrochages ont souvent lieu à l'occasion de nouvelles découvertes scientifiques. Les représentants des religions officielles font alors barrage aux idées nouvelles. Ils se comportent comme si une modification de l'enseignement traditionnel équivalait à une remise en question de l'ensemble des valeurs chrétiennes. Comme si le fait de renoncer à un élément de la cosmogonie biblique allait entraîner l'effondrement du christianisme.

Au début du XVIIᵉ siècle, le Vatican traduit Galilée devant ses tribunaux. Le nouveau système solaire de Copernic menace l'enseignement de l'Église. Il est impensable que la Terre, où le Christ s'est incarné, ne soit pas le centre de l'univers. Au prix d'une rétractation inélégante, Galilée évitera les sévices pontificaux. Il n'en sera pas moins mis en résidence surveillée à Arcetri, près de Florence. Il y a quelques années, le procès a été rouvert au Vatican. Mieux vaut tard que jamais...

Peu d'années auparavant, Giordano Bruno avait eu moins de chance. Le litige portait sur une question encore à l'ordre du jour en astronomie : la dimension de l'univers. « Dieu seul est infini », disaient les théologiens de l'époque. « Le Dieu auquel je crois est plus puissant que le vôtre, répondait Bruno, il a créé un univers infini. » Autant pour ses hérésies que pour ses sarcasmes, Bruno fut brûlé à Rome en 1600.

La théorie de l'évolution provoque une nouvelle confrontation à la fin du siècle dernier. Les Églises refusent l'origine animale de la lignée humaine. Seuls les humains ont une âme. Si l'homme descendait du singe, il faudrait étendre la Rédemption à tout le règne animal, etc.

Ces débats se poursuivent encore, en Amérique, où les « fondamentalistes » s'opposent à l'enseignement de l'évolution darwinienne dans les écoles publiques. Ils prétendent y substituer une « théorie créationniste », issue d'une interprétation littérale de la Genèse. Dieu a créé le monde en sept jours. Eve est extraite

172

de la côte d'Adam, etc. Dans plusieurs États américains, des procès ont été engagés pour obliger les enseignants à présenter, sur un pied d'égalité, la théorie de Darwin et la «théorie créationniste».

Les intrusions territoriales : b. la science envahit la religion

En parallèle avec les intrusions des religieux dans le domaine de la science, on recense historiquement plusieurs intrusions de scientifiques dans le domaine traditionnel de la morale et de la religion. Les conflits apparaissent quand, au nom d'une «science», on veut établir des critères de valeurs et imposer des codes moraux.

Issues de la théorie darwinienne, les notions de «lutte pour la vie» et «de survie du mieux adapté» ont été souvent utilisées pour légitimer des comportements inhumains. On a voulu y voir la justification de la compétition outrancière et l'apologie du guerrier.

On trouve là, en filigrane, l'idée d'une morale «naturelle» selon laquelle *il conviendrait de faire comme la nature*. Ce qu'on observe (ou qu'on croit observer) dans la nature doit être pris sans discernement comme la norme de ce qu'il convient de faire. Idée contre laquelle Nietzsche ne ménageait pas ses sarcasmes : «Vous voulez vivre "en accord avec la nature"? O nobles stoïciens, comme vous vous payez de mots! Imaginez un être pareil à la nature, prodigue sans mesure, indifférent sans mesure, sans desseins ni égards, sans pitié ni justice, fécond, stérile et incertain tout à la fois, concevez l'indifférence elle-même en tant qu'elle est une puissance, comment pourriez-vous vivre en accord avec cette indifférence [75]?»

Cette morale naturelle prend, à l'occasion, les formes les plus délirantes : élimination des plus faibles par les eugénistes nazis, interdiction de vacciner ou de cuire les aliments par certaines sectes.

Un nouvel exemple d'intrusion territoriale nous vient des progrès récents de l'éthologie. Cette science s'intéresse au comportement des animaux, à leurs interactions avec leurs congénères, à leur vie familiale et sociale. Les éthologues se demandent, par exemple, pourquoi certains individus «acceptent» de ne pas avoir d'enfants. Pourquoi les «fourmis kamikazes» se jettent dans des situations périlleuses, où elles risquent de mourir? En quoi tel comportement individuel ou social est-il bénéfique au groupe? En quoi favorise-t-il la possibilité d'avoir des petits? En quoi leur permet-il d'atteindre, indemne, l'âge d'en avoir eux-mêmes?

Un groupe de scientifiques, animé par E. O.Wilson, a proposé d'expliquer ces faits dans le cadre de la «sociobiologie». Les oncles ou tantes célibataires assurent le bien-être de la cellule familiale des «neveux». Un petit nombre de guerriers «kamikazes» suffit à protéger la fourmilière contre les agressions extérieures. Mais comment les intéressés sont-ils mis au courant du comportement qu'ils doivent tenir?

Selon cette théorie, ces comportements seraient inscrits directement dans les gènes des individus d'une espèce donnée. Il y aurait, par exemple, le «gène de l'agression», le «gène de l'entraide» et même le «gène de l'homosexualité». Cette théorie est loin de faire l'unanimité parmi les chercheurs[76].

Wilson, dans un livre controversé, a généralisé cette thèse à l'ensemble du comportement humain[77]. Une école de pensée, représentée en France par la «Nouvelle Droite», a voulu lire dans cette thèse les éléments d'une nouvelle éthique. De nombreux comportements humains se trouveraient justifiés et légitimés par l'affirmation sociobiologique de leur provenance génétique.

Il s'agit, on l'aura compris, d'une nouvelle version de la «morale naturelle» qui se présente comme une «morale scientifique». Encore une fois, décider de «faire comme la nature» ne relève pas de la science, mais d'une morale. La science, en tant que telle, est incapable de nous dire s'il convient de faire comme la nature ou non. Plutôt que : « Faut-il faire comme la nature ? », il faut demander : « A quel moment convient-il de prendre modèle sur la nature et à quel moment faut-il s'y opposer ? » Cette formulation met encore mieux en évidence le caractère moral de tels choix.

Ces exemples historiques des conflits entre la science et la religion illustrent bien le thème de ce chapitre. La science est chez elle quand elle pose la question : « Comment les choses sont-elles faites ? » ; elle n'est plus chez elle quand elle pose la question : « Comment vivre ? » La religion (ou toute philosophie morale) est chez elle quand elle traite du problème de « comment vivre » elle n'est plus chez elle quand elle traite du problème de « comment les choses sont faites ». Les intrusions territoriales sont les principales sources de leurs conflits mutuels.

Les histoires saintes

Traditionnellement, chaque religion fonde sa morale sur une « histoire sainte » que les non-croyants appellent une « mythologie ». Cette histoire sainte donne le cadre dans lequel la vie prend son sens. De ce cadre, émergent la sagesse et la morale spécifique de cette religion. Ce qu'il importe ici de constater, c'est que cette sagesse et cette morale ne sont pas nécessairement mises en cause par les inexactitudes de cette « histoire sainte ».

Le christianisme, par exemple, s'appuie sur la vision biblique de l'univers. La Genèse en fait une description détaillée. Aujourd'hui, nous savons que le monde n'a pas été créé en sept jours mais plutôt en quinze milliards d'années. Eve n'est pas sortie de la côte d'Adam. Les guerres animales sont bien antérieures à la faute du Paradis Terrestre. Le déluge universel est une légende. Josué n'a pas arrêté le mouvement du Soleil pour donner la victoire aux Hébreux. Pourtant les valeurs humaines véhiculées par la sagesse chrétienne n'en sont nullement affectées [78].

De même, selon les Vedanta indiennes l'univers est détruit périodiquement. Comme l'oiseau-phénix, il renaît ensuite de ses cendres. Un tel scénario pourrait correspondre au modèle cosmologique de l'univers fermé. Dans ce modèle, la phase contemporaine de refroidissement se terminerait dans quelques milliards d'années pour se transformer en une période de réchauffement graduel. On assisterait alors à une destruction, par la chaleur, de toutes les organisations matérielles du cosmos. Aujourd'hui, l'observation de la densité cosmique ne favorise pas ce modèle. Il semble que notre univers soit du type « ouvert », sans réchauffement à venir. Qu'à cela ne tienne. Cette « erreur » ne remet pas en cause la religion védantique. Grâce à son enseignement, des millions d'êtres humains ont quand même trouvé une sagesse qui les a portés tout au long de leur existence [79].

Des rôles différents mais non sans relations

Une distinction importante s'impose ici, qui semble contredire les propos précédents sur les rôles distincts de l'activité religieuse et de l'activité scientifique. Même si la science n'est pas porteuse de valeurs, elle a pour rôle d'éclairer ceux qui prennent des décisions morales. Avant de légiférer, il est essentiel de soumettre les dossiers à une analyse rigoureuse. Une législation sociale, qui — prétendant s'appuyer uniquement sur les principes — ignorerait le comportement des populations, risquerait fort d'être inapplicable et inappliquée.

Revenons pour un moment au cas de l'avortement, dont nous

avons discuté au chapitre précédent. Des enquêtes sociologiques et psychologiques préliminaires établiront le nombre de cas annuels. Elles décriront les conditions dans lesquelles l'avortement se pratique, selon les réglementations en vigueur. Ces données, obtenues par les méthodes scientifiques traditionnelles, seront présentes aux yeux des législateurs. Non pas pour prendre la décision à leur place — ces données ne sont pas porteuses de valeur —, mais pour faire connaître toutes les facettes du problème sur lequel des décisions morales devront être prises.

Morale, science et vision du monde

Le développement des connaissances scientifiques peut influencer, d'une facon à la fois plus profonde et plus subtile encore, le domaine de la morale et de la religion.

Certaines données de la science altèrent notre façon de voir l'univers et d'y situer l'être humain. Il en émerge des «visions du monde», passibles d'influencer la pensée philosophique et morale.

Au sixième chapitre, j'ai décrit la sombre vision de l'avenir du monde qui, au début de notre siècle, semblait émerger des acquis de la thermodynamique : il était condamné à la mort thermique. Dans son livre *Science et Religion*, le mathématicien Bertrand Russell en a déduit quelques conclusions philosophiques [80]. «Il n'existe pas de loi du progrès cosmique, mais seulement une oscillation de haut en bas, avec une lente progression d'ensemble vers le bas, due à la diffusion de l'énergie. Du moins est-ce là ce que la science considère actuellement comme le plus probable, et notre génération désabusée n'a aucune peine à le croire. Dans l'état actuel de nos connaissances, aucune philosophie optimiste ne peut être fondée sur l'évolution. »

Cette vision pessimiste du monde a pesé lourd sur plusieurs

mouvements philosophiques de notre siècle. A leur tour, ces mouvements ont souvent laissé leurs empreintes distinctives sur les décisions et les choix des sociétés occidentales.

Comme nous l'avons vu à propos des «papillons au-dessus d'un champ de colza», on appréhende aujourd'hui d'une façon différente la thermodynamique de l'univers. Depuis Russell, on a perçu le rôle profondément novateur de la force de gravité. Grâce à elle, des énergies fraîches apparaissent continuellement, prêtes à poursuivre l'évolution de la complexité.

La vision du monde résumée par Russell portait en son sein les germes d'un pessimisme désabusé qui n'a pas manqué de sévir. Celle qui semble émerger de la cosmologie contemporaine est plus mobilisante. Elle nous inciterait plutôt à promouvoir l'ascension de la nature vers des hauts sommets de la complexité. Nous traversons actuellement une situation de crise. Nous faisons peser sur notre biosphère la menace du surarmement nucléaire et la pollution industrielle. Dans ce contexte, cette optique nouvelle nous pousserait plutôt à protéger, par tous les moyens, la vie sur la Terre. A lui assurer les meilleures conditions d'épanouissement. Nous ferons tout pour que les boutons de fleurs continuent à éclore.

Sommes-nous vraiment seuls?

Le problème de l'origine de la vie est un autre domaine où les connaissances scientifiques peuvent influencer les choix moraux. Convaincus de son extrême improbabilité, les biologistes ont souvent affirmé que nous sommes seuls dans l'univers. Cette opinion pouvait autoriser Camus à dire que nous sommes des «étrangers», et Sartre, que «nous sommes de trop». Jacques Monod écrira à son tour : «La matière n'est pas grosse de la vie et la vie n'est pas grosse de l'homme.»

Depuis quelques décennies, les opinions ont évolué. A la lumière d'observations astronomiques récentes et d'expériences de laboratoire, l'apparition de la vie paraît beaucoup moins improbable. Un bon nombre de chercheurs pensent aujourd'hui que, quand les circonstances le permettent, elle est plus ou moins inévitable.

Du point de vue du rayonnement fossile, loin d'être des « étrangers », nous sommes les enfants de l'univers ; les fils et les filles des étoiles qui ont engendré les atomes de notre corps. Notre présence nous relie aux phénomènes les plus violents du cosmos : effondrement de la matière galactique, explosions d'étoiles géantes, dispersions de leurs cendres en torrents tumultueux de nébuleuses interstellaires, collisions d'astéroïdes menant à la formation de la Terre aux premiers temps du système solaire. La prise de conscience de la position de l'être humain dans ce vaste mouvement de structuration de la matière nous permet de retrouver nos racines profondes dans l'évolution du cosmos.

Cette vision du monde, qui montre l'insertion de l'homme dans le vaste mouvement d'organisation universelle, peut éclairer de façon spécifique les choix moraux des gens et des sociétés. Des « étrangers à l'univers » auraient été en droit de refuser toute responsabilité sur le devenir de la biosphère. A l'inverse, les « enfants du cosmos » sont directement impliqués dans son avenir. Il leur revient de prendre en charge l'aménagement de notre planète. Il leur incombe de veiller au plein épanouissement de la complexité cosmique.

Cette relation de l'homme et de l'univers donne une double importance aux connaissances scientifiques et à la poursuite des programmes de recherche. Non seulement la science nous dit comment le monde est fait, mais elle nous procure aussi des documents indispensables à la préparation des dossiers propres à éclairer les décisions morales. De surcroît, les « visions du monde » qui émergent des connaissances à une époque donnée influencent la pensée philosophique de cette époque et, par ricochet, ce qu'on a appelé fort joliment « l'esprit des lois ». Ce point a été développé plus en détail à propos de la cheminée dans la campagne (neuvième chapitre).

Rappelons pourtant encore une fois que ces faits, en eux-mêmes, ne sont pas porteurs de valeurs morales. Toute décision de leur attribuer une valeur (comme dans le cas des « morales naturelles ») se situe hors des attributs de l'activité scientifique.

De la surestimation des concepts

Tout comme on peut reprocher à certains religieux d'avoir fait de Dieu un objet de bigoterie, on peut reprocher à certains théologiens d'en avoir fait un concept.

Parmi les causes de conflits entre la science et la religion, il faut encore inscrire la confiance démesurée en la puissance de la pensée conceptuelle comme norme de l'univers. Cette confiance est fondée sur la conviction de l'existence d'une « vérité » absolue, exprimable en concepts clairs et en affirmations non ambiguës.

Cette conviction apparaît chez les philosophes grecs, en particulier chez Platon. Après la naissance du christianisme, elle atteint le domaine religieux. On assiste alors à une vaste entreprise de rationalisation de la religion chrétienne. L'effort le plus important vient des scolastiques, en particulier de saint Thomas d'Aquin. S'appuyant sur la philosophie d'Aristote, ces penseurs établissent les fondements d'une théologie chrétienne rationnelle. On y prouve l'existence de Dieu. On démontre ses attributs personnels et les modalités de ses rapports avec les humains. Ces affirmations deviennent ensuite des « credos ». L'autorité suprême de l'Église les impose aux fidèles. Les « hérétiques » sont poursuivis et, comme Giordano Bruno, risquent le bûcher. Pour un mot, ou deux ou trois, on déclare la guerre. On passe les populations réfractaires au fil de l'épée.

Pendant de nombreux siècles, la théologie et les « sciences religieuses » ont prétendu relever, comme les mathématiques, du domaine éthéré de la logique pure. De là, elles avaient beau jeu de contester les données scientifiques issues de domaines moins nobles : l'expérimentation et l'observation.

Nous retrouvons ici les thèmes des premiers chapitres. En arrimant son vaisseau à celui de la logique, la pensée religieuse se condamnait à subir les mêmes avatars. Comme j'ai raconté l'histoire de l'empire des nombres, on pourrait relater les péripéties de l'empire des « vérités religieuses » : leur montée, leur apogée et leur déclin.

Il revenait à Kant de démontrer, à la fin du XVIIIᵉ siècle, la vanité de la logique religieuse [81]. Sur les questions les plus fondamentales : l'existence de Dieu et l'immortalité de l'âme, la raison humaine ne peut rien affirmer. Du coup, tout l'édifice conceptuel de la scolastique s'effondre.

Un parcours analogue à celui que nous avons suivi aux premiers chapitres nous amènerait à rechercher l'origine de la fonction religieuse dans « l'aire de jeu » si pertinemment mise en évidence par Winnicott.

Comme la science et l'art, l'activité religieuse est une reconstruction du monde. Les nombreuses histoires saintes élaborées un peu partout à la surface de notre planète ont un élément commun. Elles offrent, chacune à sa façon, une possibilité d'intégrer dans un cadre cohérent les événements de la vie. La réalité est intolérable si on ne peut pas la « penser ». Quand on peut leur donner un « sens », la souffrance, la mort des êtres chers peuvent devenir acceptables. En ce sens, la critique antireligieuse traditionnelle a raison. La religion est née du besoin de neutraliser l'angoisse de la mort.

Les récits de ces histoires saintes n'ont pas grand-chose en commun. On y trouve tout et son contraire. Cette variété nous montre l'inaptitude des religions à nous dire comment le monde est fait. Une interprétation littérale du contenu de toutes ces histoires mènerait à la plus grande confusion.

La critique antireligieuse devient contestable quand elle prétend que la religion n'est *rien d'autre* qu'une entreprise de réconfort moral. Le fait que le besoin de se rassurer contre l'angoisse de la mort soit au cœur de l'activité religieuse ne permet pas d'affirmer qu'elle *se réduit* à cela. Je pense plutôt que cette angoisse est l'élément moteur qui a amené les êtres humains à s'interroger sur le sens profond du monde.

Les contradictions et les « erreurs » scientifiques des histoires saintes deviennent sans importance quand on accepte de ne pas les prendre littéralement, quand on reconnaît qu'elles utilisent un langage symbolique. Il nous apparaît alors que chacune, à sa façon, nous décrit une facette différente de notre mystérieux univers. Ce ne sont ni des sciences ni des philosophies, au sens occidental du terme, mais plutôt des sagesses au sens oriental du terme. Aucune n'a le monopole de la « vérité » mais chacune touche, quelque part, à des aspects cachés de la réalité.

La fonction religieuse utilise le langage d'une façon qui lui est propre. Les mots n'y sont ni des vecteurs d'informations précises, comme en science, ni des sources d'émotions comme en poésie, mais plutôt des symboles qui nous relient à un monde inconnu (voir la note 38 du quatrième chapitre). Prenons par exemple le mot « dieu ». Ce mot recouvre généralement l'intuition d'une présence mystérieuse, irréductible à l'intellect. Kant a raison de dire qu'on ne peut prouver ni qu'il existe ni qu'il n'existe pas.

Cela, la plupart des croyants l'ont maintenant largement compris. De même qu'elle a abandonné son empire géographique, l'Église de Rome a renoncé à dominer le monde intellectuel. Peu de croyants contestent aujourd'hui les acquis de la science au nom des « vérités » religieuses. Peu de chrétiens reprendraient l'argumentation que Nietzsche par dérision mettait dans leur bouche : « La science ne peut être vraie car elle nie Dieu. Donc elle ne vient pas de Dieu, donc elle n'est pas vraie, car Dieu est la vérité [75]. »

Saturne et l'expérience du monde

A Malicorne, quand les nuits sont claires, nous observons le ciel avec un petit télescope. Plusieurs amis et amies y ont vu pour la première fois Saturne ou la galaxie d'Andromède. C'est, pour beaucoup, un choc. Ils en sont profondément émus.

Pourtant tous, ou presque, en avaient vu des photos en couleurs, indéniablement plus riches et plus détaillées que la minuscule image de mon petit télescope. Pourquoi ce choc?

Les réponses sont nombreuses et les commentaires variés. Par exemple : « Dans le télescope, on voit "en vrai", tandis que les livres ne nous donnent que des reproductions. » Ou encore : « Dans le ciel on a une impression de profondeur que ne rend pas l'image. Le ciel est à trois dimensions, tandis que la page est à deux dimensions. » Ou encore : « Il nous reste un fond de méfiance par rapport à ce qui se publie. »

Aucune de ces réponses n'est vraiment convaincante. A la première on est tenté de rappeler que, pour notre œil, l'image du télescope, comme celle du livre, est toujours perçue par des photons qui frappent la rétine. A la deuxième, qu'à la distance d'Andromède ou de Saturne, notre sens de la troisième dimension est tout à fait inutilisable. A la troisième, que la méfiance par rapport à la NASA ou aux grands observatoires astronomiques paraît aujourd'hui peu plausible. Qui les soupçonnerait de falsifier leurs documents?

Je pense que la véritable source de l'émotion se situe ailleurs. Peut-être faut-il plutôt y voir quelque chose de cet élément mystérieux et inexplicable qu'on peut appeler notre rapport intime à la réalité. Je crois que l'expérience religieuse est du même ordre.

Dieu n'est plus ce qu'il était

L'insistance des spectateurs des conférences astronomiques à ramener sur le tapis l'interrogation religieuse me paraît hautement significative. Si je devais résumer en peu de mots l'impression qui m'en reste, je dirais que, loin d'être mort, Dieu est encore bien vivant chez nos concitoyens. Mais il n'est plus ce qu'il était.

Son statut a profondément changé. Son royaume n'est plus du domaine de l'intellect. Il n'est plus la « Vérité ». « Qu'est-ce que la vérité ? », demandait déjà Ponce Pilate il y a deux mille ans. Cette interrogation insidieuse a prévalu sur la chaire d'infaillibilité instaurée à Rome.

C'est tout ailleurs que Dieu maintenant se situe. On le rencontre au niveau des interrogations, et non plus au niveau des certitudes. Il prend sa place dans le voyage intérieur de chacun d'entre nous. Il est la trame secrète de ce parcours qui se poursuit tout au long de l'existence. On le retrouve mêlé à nos angoisses et à nos questions sur le sens profond des choses.

Il est en relation avec cette conviction intime que, au-delà de ce qui se donne à voir, il y a « quelque chose » dans lequel nous sommes profondément, vitalement, existentiellement impliqués. Un « quelque chose » auquel ne serait étranger, ni la violette des bois, ni les diagrammes de Feynman, ni les camps d'extermination nazis, ni le *Requiem* de Mozart.

Au loin, par-dessus les nappes de feuillages, je revois le clocher de l'église de Malicorne. Cette modeste architecture, même largement désaffectée, reste encore à nos yeux le symbole de ce que nous ressentons en profondeur devant l'insondable mystère de la réalité.

Appendices

Appendices

1. Entropie maximale et entropie réelle

Dans un univers en expansion, l'entropie réelle augmente *moins vite* que l'entropie maximale. On peut le montrer de la façon suivante.

Il importe de définir correctement le volume d'espace que nous allons prendre en considération. Rappelons d'abord la notion de «sphère

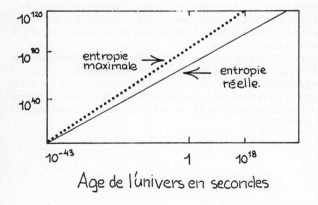

Croissance de l'entropie du cosmos. En abscisse, on a mis le temps en secondes (unités logarithmiques) à partir du temps de Planck (10^{-43} seconde). En ordonnée, l'entropie maximale (trait pointillé) et l'entropie réelle. La différence, toujours croissante, donne la mesure de *l'information* cosmique. Elle est la source d'organisation dans l'univers.

de causalité ». C'est une sphère dont le rayon est donné approximativement par le produit de la vitesse de la lumière par l'âge de l'univers. Tout contact au-delà de cette sphère est impossible. On dit également que le volume de cette sphère est limité par « l'horizon cosmologique ». La quantité maximale d'énergie disponible à un moment donné est celle qui est contenue dans cette sphère. C'est donc le volume qu'il faut choisir pour notre évaluation.

L'entropie maximale dans ce volume serait obtenue en transformant toute l'énergie qui s'y trouve en un seul trou noir dont la masse serait alors égale à cette énergie (via l'équivalence einsteinienne). La sphère de causalité s'étend avec le temps qui passe, et la quantité d'énergie qu'elle contient s'accroît en proportion. L'entropie maximale n'est donc pas une quantité fixe et définie. Elle augmente au rythme de l'expansion. On peut montrer qu'elle s'accroît proportionnellement au carré du temps (au temps à la puissance 2).

La plus importante contribution à l'entropie réelle de l'univers vient du rayonnement fossile. Elle augmente également avec la sphère de causalité, mais plus lentement que l'entropie maximale [proportionnellement à la puissance *trois-demis (3/2)*] du temps, quand l'univers est dominé par la densité du rayonnement, et à la puissance *unité* quand la matière prend le dessus.

Il en ressort que le rapport entre l'entropie maximale et l'entropie réelle augmente avec la racine carré du temps (puissance 1/2) quand le rayonnement domine, et linéairement avec le temps quand la matière domine. D'où la conclusion que dans un univers en expansion, et aussi longtemps que durera cette expansion, l'état d'entropie maximale ne sera jamais atteint.

2. La réversibilité temporelle des phénomènes physiques : *in vitro* et *in vivo*

Un paradoxe, souvent évoqué en physique, a trait à la réversibilité du temps dans les processus physiques élémentaires, en opposition à l'irréversibilité des événements de la vie concrète : fonte d'un glaçon dans un verre de whisky tiède, éclatement d'une coupe de cristal qui heurte le sol.

Cette irréversibilité est traditionnellement reliée aux notions de *situation probable* et *situation improbable*. Le mot clef est : *plausible*. Il n'est pas impossible, mais seulement excessivement improbable que, dans un verre de whisky froid, un glaçon se forme de lui-même. Il est infiniment plus probable de voir le glaçon fondre que de le voir se constituer. La première séquence est donc choisie parce qu'elle est plausible, tandis que la seconde ne l'est guère.

Considérons comme événement type d'une réaction élémentaire de la physique la diffusion élastique d'un électron par un autre électron. Dans l'état initial les deux électrons s'approchent, dans l'état final ils s'éloignent. Les équations qui décrivent cette réaction sont les mêmes que celles qui décriraient la situation inversée par rapport au temps. L'état initial de la première réaction devient l'état final de la seconde et vice versa.

On dit souvent que la flèche du temps n'est pas inscrite dans cet événement simple : le passé et le futur sont indiscernables. Cet événement se trouve dans un état de réversibilité par rapport au temps (réversibilité temporelle).

Appendices

In vitro et *in vivo*

Mais regardons-y de près. On a volontairement négligé toutes les autres interactions que ces électrons ont avec le reste de l'univers. On les a mentalement isolées. On a fait ce que les biologistes appellent une expérience *in vitro*.

La situation *in vivo* est différente. L'univers n'est pas vide. L'espace est plein de rayonnements. Il y a d'abord le rayonnement cosmologique à 2,7 K (le rayonnement fossile), fait de photons d'énergie voisine du milliélectron-volt. La théorie du Big Bang prévoit également l'existence de « rayonnements fossiles » de neutrinos et de gravitons. A cela il faut ajouter les énergies dites « du vide quantique » : particules virtuelles liées aux fluctuations des champs quantiques représentant les différentes interactions de la physique. En d'autres mots, les réactions à deux corps sont des fictions théoriques inapplicables à la réalité.

L'intensité de ces champs est elle-même reliée à la densité de matière cosmique. *Et celle-ci décroît au cours du temps.* C'est l'élément dont il nous faut ici identifier le rôle précis par rapport à la flèche du temps.

On pourrait être tenté d'emprunter la piste suivante. Prenons en considération le fait que, dans le cadre *in vivo*, nos électrons-tests sont passibles d'interactions avec ces particules supplémentaires. Aussi courte que soit la trajectoire envisagée, l'électron a une probabilité non nulle d'en être affecté, amenant une altération de sa trajectoire. Cette altération n'est pas la même dans la séquence inversée, puisque dans le cas « vrai » la densité *décroît* pendant le parcours tandis que dans la séquence « inversée » elle *croît*.

Il serait inexact cependant d'en conclure que nous avons trouvé là un moyen d'identifier la direction de la flèche du temps. Tout ce que nous savons, c'est qu'une des séquences se fait dans un univers qui se refroidit tandis que l'autre se fait dans un univers qui se réchauffe. Nous avons simplement appris à relier la trajectoire d'une particule à la dynamique de l'univers.

L'expansion et l'irréversibilité

L'expansion, en tant que phénomène dynamique agissant sur l'ensemble des galaxies, est un phénomène réversible. La flèche du temps n'y

190

est pas vraiment inscrite. Elle ne crée pas d'entropie. Son inversion temporelle, la contraction, est également décrite par les équations réversibles du modèle cosmologique.

Supposons, pour fixer les idées, que nos deux particules-tests sont deux électrons de haute énergie du rayonnement cosmique. L'interaction de ces particules avec les photons millimétriques du rayonnement fossile provoque l'émission d'une séquence de photons ultraviolets *(bremsstrahlung)* qui freinent progressivement leur mouvement. Dans la séquence « vraie », les électrons absorbent des photons millimétriques, et émettent les photons UV qui amènent leur décélération. Dans la séquence « inversée », ils absorbent des photons UV venant du monde extérieur — qui les accélèrent —, tandis qu'il émettent des photons millimétriques. Le phénomène d'une séquence de photons UV arrivant du cosmos juste à point voulu pour accélérer les électrons sur leur trajectoire est suffisamment improbable pour révéler la flèche du temps.

Mais quel rapport y a-t-il entre l'expansion de l'univers et la décélération des électrons du rayonnement cosmique tout au long de leur trajectoire ? L'élément essentiel, ici, c'est que ces électrons ont une énergie bien supérieure à celle du rayonnement fossile dans lequel ils se déplacent. La matière universelle n'est pas dans un état d'équilibre thermique où, en moyenne, toutes les particules auraient à peu près même énergie et où les collisions accélératrices seraient aussi plausibles que les collisions décélératrices.

Telle n'était pas la situation dans le passé très lointain, très dense et très chaud, de notre univers. A cette époque la matière était en équilibre thermique et réactionnelle. Les réactions de type A + B → C + D induites par les différentes interactions étaient en équilibre avec les réactions inverses C + D → A + B (c'est-à-dire aussi fréquentes)

Si l'expansion en tant que phénomène dynamique est réversible, c'est pourtant elle qui, indirectement, est responsable de l'avènement des régimes de déséquilibres thermiques et réactionnels qui existent dans notre univers contemporain. Une des caractéristiques de ces régimes, c'est le fait que les mots « plausibles » et « implausibles » y ont cours. Certaines réactions y sont probables, tandis que leurs inverses y sont improbables. C'est grâce à l'existence de ces régimes que nous pouvons identifier la flèche du temps (par la décélération des électrons du rayonnement cosmique, par exemple).

Comment l'expansion amène-t-elle l'instauration des régimes de

Appendices

déséquilibre ? En gros, cela vient du fait que le rythme d'expansion et de refroidissement de la matière cosmique est trop rapide pour permettre aux différentes interactions de se maintenir dans leur état d'équilibre primordial. Si, aujourd'hui, il y a des particules dont l'énergie est supérieure à l'énergie moyenne des photons du rayonnement fossile (les électrons du rayonnement cosmique par exemple), c'est grâce à l'instauration de ces états de déséquilibre et donc grâce à l'expansion.

En résumé, bien que l'expansion soit un phénomène réversible, elle est indirectement responsable de l'instauration de ces régimes de déséquilibre qui inscrivent la flèche du temps dans *tous* les phénomènes de la réalité, dès qu'on admet de les étudier dans leur contexte réel.

Reprenons maintenant le cas d'école : les électrons sont *in vitro*, c'est-à-dire arbitrairement isolés de toutes interactions autres que celles entre eux deux. De surcroît, on éteint toutes les interactions autres que électromagnétique.

En pratique, cela reviendrait à mettre les électrons dans une enceinte hypothétique qui serait parfaitement vide et parfaitement isolante par rapport à toutes les interactions. Même si une telle enceinte était réalisable, l'étude de la situation physique nous amènerait à redéfinir le système étudié. Celui-ci consisterait maintenant en la somme des deux électrons et de l'enceinte elle-même. Or cette enceinte interagit avec le monde extérieur, et en ce sens serait soumise aux déséquilibres mentionnés plus haut. Nous sommes donc ramenés au cas précédent. Pas plus de réversibilité *in vitro* qu'*in vivo*.

3. Fluctuations quantiques et mythologies pythagoriciennes

L'idée est quelquefois présentée selon laquelle notre univers pourrait être né d'une « fluctuation quantique », provoquant ou accompagnant une « déchirure de l'espace-temps » de laquelle tout ce que nous observons : galaxies, étoiles, planètes, atomes, molécules, et aussi organismes vivants, plantes et animaux, dont bien sûr nous-mêmes avec notre cerveau interrogateur, seraient la manifestation. Rien de plus tentant alors que d'identifier à cette fluctuation le passage du « néant » à l'être, et de prétendre avoir trouvé une explication à la célèbre interrogation de Leibniz au sujet du pourquoi « quelque chose » plutôt que « rien ».

Rappelons, avant de poursuivre, ce que sont ces fameuses fluctuations quantiques dont il est question ici. Elles apparaissent dans le cadre de la physique atomique telle que formulée, en particulier par Werner Heisenberg dans les années 1920-1930. On note alors que la théorie quantique impose des limites à la définition de certaines propriétés de la matière. En particulier, dans le cas d'un système instable, c'est-à-dire n'existant que pendant un certain temps (un atome radioactif comme l'uranium par exemple), elle énonce l'impossibilité de *définir* (et, en conséquence, de *déterminer*) avec une précision extrêmement grande *à la fois* l'énergie de ce système et la durée de son existence. Toute amélioration de la précision d'un de ces deux paramètres se fera au détriment de la possibilité de déterminer précisément l'autre paramètre.

Ajoutons tout de suite que cette propriété curieuse, appelée « indétermination quantique », n'est pas un artefact dont on pourrait penser se débarrasser facilement. Elle est imbriquée dans la texture même

193

de la théorie. La refuser équivaudrait à refuser la théorie en bloc. Vu l'extraordinaire efficacité de cette théorie, ça serait bien dommage.

En physique on appelle « vide » un volume d'espace dans lequel on n'a mis aucune matière, aucune énergie. La physique quantique énonce alors une affirmation assez étonnante : un tel volume ne peut pas rester vide, pendant une période finie, sans violer cette relation d'indétermination. Sinon nous pourrions déterminer exactement à la fois la quantité d'énergie du système physique que représente ce volume — en l'occurrence une quantité nulle — et la durée d'existence de ce système.

On observe, effectivement, qu'il se « crée » alors, spontanément, des énergies appelées « énergies du vide ». Si le lecteur en est étonné, qu'il sache que les physiciens l'ont été avant lui. Maintenant ils s'y sont faits... La nature a des comportements quelquefois bien étranges. Il faut la prendre comme elle est...

Ces énergies se manifestent généralement par l'apparition de paires de particules, par exemple des électrons et des positrons. L'énergie impliquée dans l'apparition d'une telle paire est d'un million d'électrons-volts. Après un temps très court, cette paire « s'annihile » et le système retrouve son état initial. Le phénomène, appelé « fluctuation quantique », se reproduit ainsi de nombreuses fois. On dit que le vide « ronronne ». Ce ronronnement affecte en particulier l'énergie des atomes qu'on pourrait y plonger (effet Lamb). Les observations de laboratoire confirment avec grande précision la réalité de ces phénomènes.

La création de nouvelles particules n'est pas limitée aux paires d'électrons et de positrons. Il peut aussi s'y créer et s'y annihiler des paires de particules beaucoup plus massives. Les relations d'indétermination impliquent que plus les particules sont massives, plus courte est la durée d'existence de la paire. La limite est donnée par la masse de Planck (environ 20 microgrammes).

Ce phénomène étonnant suggère naturellement l'idée que l'univers tout entier pourrait être né d'une fluctuation quantique. Dans le cadre de la cosmologie quantique, cette idée prend la forme de modèle d'univers incorporant toutes les propriétés de la matière.

On peut pourtant se demander si une telle approche a quelque rapport avec l'interrogation de Leibniz. La démarche ici consiste à envisager, *dans un premier temps*, un univers vide dans lequel des fluctuations quantiques pourraient, *dans un second temps*, avoir injecté une quantité de matière appropriée. En d'autres termes, le « rien » dont on veut faire sortir le « quelque chose » est un univers qui, bien que vide, obéit déjà pleinement aux lois de la physique... Car ce n'est que dans le cadre de ces lois que les fluctuations quantiques peuvent se produire.

En d'autres termes encore, et toujours dans l'esprit de la question de Leibniz, on suppose que le temps, l'espace et les lois de la physique *préexistent* à la matière, et qu'elles pourraient être considérées comme « rien », alors que la matière, seule, mériterait d'être dénommée « quelque chose ». Cette préexistence supposée n'est pas sans évoquer pour nous le mythe pythagoricien dont il a été question au premier chapitre de ce livre.

Il convient de rappeler ici que, contrairement au « vide » de la physique, le « néant » de la métaphysique se doit d'être vraiment vide. C'est-à-dire n'impliquer ni le temps, ni l'espace, ni surtout le règne préalable des lois de la physique. Rien c'est rien...

Cette discussion n'est pas sans rappeler la cinquième confession de saint Augustin. Au sujet de la question : « Que faisait Dieu avant la création du monde ? », il évoque d'abord, pour montrer sa désapprobation, une réponse traditionnelle au Ve siècle : Il préparait l'enfer pour ceux qui allaient ainsi chercher à pénétrer les secrets divins. Saint Augustin est un esprit éclairé qui encourage les interrogations. Sa réponse à lui, c'est que la question n'a pas de sens. Elle suppose que le temps existait avant la création de l'univers, ce temps dans lequel on se demandait ce que Dieu y faisait. Le temps, dit Augustin, avec des accents einsteiniens, est indissociable de cet univers de matière avec lequel il apparaît au moment de la création.

Le même genre de considération s'applique aux modèles de bébés-univers dont on a beaucoup parlé ces dernières années. Là, inspirés par les propriétés des trous noirs, on utilise les propriétés des champs de gravités très intenses pour engendrer des univers nouveaux, complètement déconnectés du nôtre. Mais toujours dans un contexte où la physique génératrice préexiste à tous ces nouveau-nés.

Notes

Chapitre 1

1. Sur la science antique, je recommande *Pythagore Superstar* de Luciano de Crescenzo, J.-C. Lattès, 1985, ainsi que *Les Penseurs grecs avant Socrate*, Flammarion, 1964.

2. Cela rappelle étrangement le travail de l'informaticien moderne qui évalue le nombre de « pixels » requis pour enregistrer et transmettre un document...

3. Roger Penrose, un cosmologiste anglais interrogé dans *Scientific American* de novembre 1989, p. 18, avoue « être d'accord avec Platon sur le fait que la vérité est incorporée dans les mathématiques et qu'elle existe quelque part, indépendamment du monde physique et même de la pensée humaine ». « Les scientifiques, ajoute-t-il, n'inventent pas la vérité — ils la découvrent », voir *The Emperor's New Mind,* Oxford University Press, 1989.

Sur un thème analogue, Louis de Broglie écrit : « L'inventeur a, tout à coup, le sentiment très net que les conceptions auxquelles il vient de parvenir, dans la mesure où elles sont exactes, existaient déjà avant d'avoir jamais été pensées dans le cerveau humain », *Le Continu et le Discontinu en physique moderne*, Albin Michel, 1941, p. 81.

4. Cité dans Morris Kline, *Mathematics : the Loss of Certainty*, Oxford University Press, 1981.

5. Descartes, *Méditations métaphysiques*, classiques Larousse, p. 71. Voici le texte exact avec quelques paragraphes supplémentaires :

« ...Je viens à connaître une infinité de particularités, touchant les nombres, les figures, les mouvements, et autres choses semblables, dont la vérité se fait paraître avec tant d'évidence et s'accorde si bien avec ma nature, que, lorsque je commence à les découvrir, il ne me semble pas que j'apprenne rien de nouveau, mais plutôt que je me ressouviens de ce que je savais déjà auparavant, c'est-à-dire que *j'aperçois des choses qui étaient déjà dans mon esprit*, quoique je n'eusse point encore tourné ma pensée vers elles.

Et ce que je trouve ici de plus considérable, c'est que je trouve en moi une infinité d'idées de certaines choses qui ne peuvent pas être estimées un pur néant, *quoique peut-être elles n'aient aucune existence hors de ma pensée*, mais qui ont leurs vraies et immuables natures.

Comme par exemple lorsque j'imagine un triangle, encore qu'il n'y ait peut-être en aucun lieu du monde hors de ma pensée, une telle figure et qu'il n'y en ait jamais eu, il ne laisse pas moins d'y avoir une certaine nature ou forme ou essence déterminée de cette figure laquelle est immuable et éternelle, *que je n'aie point inventée* et qui ne dépend en aucune façon de mon esprit ; comme il paraît de ce que l'on peut démontrer diverses propriétés de ce triangle, à savoir, que ses trois angles sont égaux à deux droits, que le plus grand angle est soutenu par le plus grand côté, et autres semblables, lesquelles maintenant, soit que je le veuille ou non, je reconnais très clairement et très évidemment être en lui, encore que je n'y aie pensé auparavant en aucune façon lorsque je me suis imaginé pour la première fois un triangle ; et partant on ne peut pas dire que je les aie feintes et inventées.

Et je n'ai que faire ici de m'objecter que peut-être cette idée du triangle est venue en mon esprit par l'entremise de mes sens, pour avoir vu quelquefois des corps de figure triangulaire ; car je puis former en mon esprit une infinité d'autres figures, dont on ne peut avoir le moindre soupçon que jamais elles me soient tombées sous les sens... »

Chapitre 2

6. Les linguistes me diront que le mot inventer vient du latin *invenire* qui veut dire « trouver » donc « découvrir ». Ici, je lui donne son sens plus traditionnel, voisin de « créer ».

7. Voici, à ce sujet, l'opinion de quelques grands penseurs et mathématiciens, citée dans Morris Kline, *Mathematics : the Loss of Certainty*, *op. cit.*

Dedekind : « Nous (les mathématiciens), avons le pouvoir de créer. »

Weierstrass : « Le vrai mathématicien est un poète. »

Wittgenstein : « Le mathématicien est un inventeur et non pas un découvreur. »

Morris Kline lui-même : « Le fait que les nombres négatifs, irrationnels et imaginaires ne sont ni des déductions à partir de découvertes empiriques, ni des entités existant de toute évidence dans quelque monde extérieur, montre bien que le mathématicien est un inventeur. »

8. Depuis quelques années un nouveau domaine de mathématiques s'est constitué autour des « théories du chaos ». Nous aurons l'occasion d'en parler dans la seconde partie du livre. On a pu montrer dans ce cadre que le nombre de systèmes mathématiques impliqués dans la description de la réalité est beaucoup plus élevé qu'on ne le croyait jusque-là. En particulier, de nouvelles géométries, dites « fractales », s'avèrent d'une grande utilité pour décrire des phénomènes physiques qu'on croyait jusque-là irréductibles à une formulation mathématique. Le mot « fractal » indique que ces géométries ne sont pas à deux ou trois dimensions mais à des nombres fractionnaires de dimensions, comme par exemple 1.63...

9. Bertrand Russell, *Portraits from Memory*, 1958.

10. Stephen Hawking, *Une brève histoire du temps*, Flammarion, 1989.

11. Bien sûr, de telles températures sont inatteignables avec la technique contemporaine. On peut douter qu'on arrive jamais à les reproduire en laboratoire. Comment connaît-on l'existence de ces difficultés ? C'est qu'on rencontre des incohérences inacceptables dans la formulation mathématique elle-même. Des calculs de probabilités qui donnent des réponses infinies par exemple.

12. R. Pirsig, *Traité du zen et de l'entretien des motocyclettes*, Le Seuil, 1984. Il vaudrait mieux poser la question autrement : « Est-ce qu'un caillou mis à côté d'un autre caillou faisaient deux cailloux à l'époque des dinosaures ? » La formulation de Pirsig implique l'existence du « deux ». Même l'existence de « l'unité » à cette époque est sujette à interrogation.

13. J'ai trouvé cette citation dans le livre de Rémy Chauvin, *Dieu des fourmis, Dieu des étoiles*, Pré-aux-Clercs, 1988.

14. On peut encore illustrer la situation en demandant aux duettistes « cerveau » et « pensée » de nous faire le coup de l'horloge et de l'horloger.

Dans un premier mouvement, « pensée » s'interroge sur elle-même et découvre qu'elle est produite par « cerveau », une sorte de machine à produire de la pensée. Il n'y a pas de pensée sans cerveau, comme il n'y a pas d'horloge sans horloger. Merci Voltaire.

Mais « cerveau » nous dit que toute machine correspond généralement à un plan dont l'élaboration présuppose l'action antérieure de « pensée ».

D'où la dualité : qu'est-ce qui est premier ? Le cerveau ou la pensée ? Le va-et-vient de l'un à l'autre de ces éléments est plus riche dans sa dialectique que la dualité horloge-horloger, puisque l'horloger ne renvoie à rien du tout.

Mais ce premier est-il pensable ? Et, s'il est pensable, est-il vraiment premier puisque les concepts qui le décrivent le précèdent tout comme d'ailleurs la pensée elle-même ?...

15. Piaget, *Psychologie et Epistémologie*, Gauthier, p. 145. Je contesterai, en passant, le caractère réductionniste de la forme négative :

l'univers *n*'est connu de l'homme *qu'*au travers de la logique... Sur ce thème, je préfère les visions plus holistes d'un Saint-John Perse, par exemple.

16. Lynn Margulis et Dorion Sagan, *L'Univers bactériel*, Albin Michel, 1989. Traduit de *Microcosmos; Four Billion Years of Evolution from our Microbial Ancestors*, New York, Summit Books, Simon and Schuster, Inc.

Chapitre 3

17. Lire à ce sujet le chapitre 10 de *Physics and Beyond*, de Werner Heisenberg, New York, Harper Torchbook, 1972.

18. Rappelons que les oiseaux sont les descendants des reptiles et donc cousins des dinosaures. En boutade on pourrait répondre à Pirsig qu'après tout les dinosaures savaient peut-être déjà que $2 + 2 = 4$...

Chapitre plus étonnant encore, les connaissances musicales des oiseaux. A part les humains, ils sont les seuls, dans le règne animal, à savoir chanter. Certains chercheurs vont plus loin, et prétendent que les grives, par exemple, ont un langage musical assez voisin du nôtre. Szoke, un éthologiste allemand, aurait découvert, en analysant leur chant, la présence de quintes et d'octaves, ces éléments musicaux qui ont fondé l'intuition pythagoricienne. Cette affirmation, il faut le reconnaître, ne semble pas jusqu'ici avoir rencontré l'assentiment général des éthologues. Dommage — elle aurait sans doute réjoui Pythagore. Quoi qu'il en soit, ces oiseaux ne savent vraisemblablement pas que, pour atteindre l'octave, il faut réduire de moitié la longueur des cordes vocales. Il vaut d'ailleurs mieux ainsi si on en croit la sagesse de cette fable chinoise.

Le mille-pattes était heureux, très heureux,
Jusqu'au jour où un crapaud facétieux
Lui demanda : « Dis-moi, je t'en prie,
Dans quel ordre mets-tu tes pattes ? »
Cela le préoccupa tant et tant
Qu'il ne savait plus comment faire
Et qu'il resta immobilisé dans son trou.

19. Deleuze écrit à ce sujet : « La psychologie empirique se trouve fondée par une topologie transcendantale. On est tenté de répondre que la topologie transcendantale est elle-même une construction de l'esprit humain et qu'en ce sens elle relève à son tour de la psychologie empirique...

20. Claude Lévi-Strauss, *L'Homme nu*, Plon, 1971, p. 616.

21. Que se passe-t-il à cet instant dans le cerveau ? Les neurophysiologistes nous ont appris l'importance, pour le fonctionnement cérébral,

des connexions entre les neurones (nous y reviendrons plus tard). Tout au long de la vie, des « câblages » se font et se défont entre les cellules de notre cortex. On peut imaginer que la fulgurance de la découverte soit associée à l'apparition de nouvelles connexions. Mais quel rapport existe-t-il entre un câblage et l'accès à une nouvelle notion ? Comment un câblage permet-il de comprendre que ce qui importe c'est qu'il ne reste plus une goutte d'eau dans le premier verre quand on a tout juste rempli le second et qu'*en conséquence* les verres ont le même volume ?

22. Jean-Claude Bringuier, *Conversations libres avec Jean Piaget*, Laffont, 1976.

23. Sigmund Freud, *Un souvenir d'enfance de Léonard de Vinci*, Gallimard, coll. « Idées », 1977, et Arno Stern, *La Mémoire organique*.

24. Notons en passant la situation quelque peu paradoxale dans laquelle cette recherche, forcément, se situe. C'est avec leur propre cerveau que les scientifiques essaient de comprendre le fonctionnement du cerveau. L'ombre des duettistes facétieux « cerveau » et « pensée » se profile à nouveau à l'horizon. Mais l'ambiguïté de cette situation n'a jamais empêché les hommes et les femmes de science de se mettre à l'œuvre. Heureusement. A leur manière, les chercheurs modernes sont les explorateurs casse-cou des siècles passés qui se mettaient en marche sans craindre les marmites noires des cannibales de nos livres d'enfance.

25. A ceux qui veulent aller plus loin, je conseille la lecture de *L'Incroyable Aventure du cerveau* de Robert Ornstein et Richard Thompson, Interéditions, 1987, traduit de *The Amazing Brain*, Boston, Houghton, Mifflin, Co. Autant par son texte simple que par les magnifiques illustrations de David Macaulay, ce livre est un petit chef-d'œuvre de pédagogie.

26. Par des connexions nommées dendrites, chaque neurone reçoit des impulsions en provenance d'autres neurones. Ces impulsions peuvent l'amener à se « décharger » lui-même vers d'autres neurones au moyen d'une connexion unique appelée « axone ». Il envoie alors dans cet axone une impulsion électrique. A l'extrémité de l'axone émetteur se situe un petit renflement appelé synapse. La synapse n'est pas tout à fait en contact avec les dendrites (réceptrices) des autres neurones. Entre ces constituants il y a un espace vide appelé « espace synaptique ». Cet espace est franchi non pas par l'impulsion électrique mais par des molécules situées dans le synapse et que l'impulsion électrique libère à son arrivée.

27. Des études récentes semblent avoir mis en évidence le rôle des connexions dendritiques dans la formation et l'enregistrement d'un souvenir (*Scientific American*, juillet 1989). L'apprentissage d'un nouveau réflexe aurait pour effet de réduire le seuil d'excitabilité d'un ensemble de connexions neuronales. On retrouve là une idée assez ancienne : les souvenirs s'inscrivent dans le cerveau comme les ravinements sur une

falaise. A force de s'y insinuer, les eaux d'écoulement les creusent progressivement et laissent des traces de plus en plus profondes.

28. On trouve chez Lévi-Strauss une idéologie assez analogue au sujet de ces fameuses cases vides. Il y voit la manifestation d'une immense horlogerie à l'échelle de l'humanité tout entière. Le structuralisme aurait en quelque sorte démonté, en unités de « cases vides », les mécanismes de cette horlogerie. Sur un plan plus philosophique — bien qu'il se défende de faire de la philosophie — il y voit l'évidence d'une sorte de déterminisme du comportement humain, peu compatible avec l'idée de liberté et d'autonomie individuelle.

Il écrit encore : « Le moi n'est pas seulement haïssable, il n'y a pas de place entre un *nous* et un *rien*. » Dans cette optique, l'analyse ethnologique aurait pour but et pour effet de montrer l'illusion qu'est « le moi », qu'en fait nous ne sommes que des manifestations d'un tout collectif et que le « je », finalement, n'existerait pas (on retrouve ce motif chez Foucault, chez Freud, et bien antérieurement, dans le toute la philosophie zen).

Lévi-Strauss va encore plus loin dans l'interprétation de ses recherches au cours d'un échange littéraire avec le philosophe Jean-Paul Sartre. A celui-ci qui le traitait « d'esthète », il répond : « Nous acceptons ce qualificatif d'esthète pour autant que nous croyons que le but dernier des sciences n'est pas de constituer l'homme mais de le dissoudre. »

Mais que veut dire le mot « dissoudre » sous la plume de Lévi-Strauss ? Ailleurs, il rappelle que *dissoudre* est proche de *dissolvant*. On est ici dans le discours chimique. On pense à l'eau qui dissout les corps solides — leur faisant perdre ainsi leur identité — en un grand nombre de molécules. L'idée de Lévi-Strauss serait alors la suivante : sous le regard scientifique, le « moi humain » se dissoudrait en ses éléments constituants.

On trouvera le détail de cette discussion dans *Comprendre Lévi-Strauss* de Jean Baptiste Fages, Privat, 1972.

29. Jean-Pierre Changeux, *L'Homme neuronal*, Fayard, 1983 et Hachette-Pluriel, 1984.

30. Déjà, au début du siècle, William James reconnaissait l'existence de cette nouvelle mythologie et s'emportait contre ses grands prêtres. « Certains de nos positivistes ne cessent de nous seriner qu'alors que tous les dieux et les idoles se sont effondrés, une, et une seule divinité s'est maintenue, dont le nom est la Vérité scientifique... Ces messieurs, fort consciencieux, croient avoir surmonté l'obstacle qu'ils constituent pour eux-mêmes, croient avoir brisé les chaînes de leurs penchants subjectifs. Mais ils se trompent. Ils ont simplement fait un choix parmi ces penchants... le système moléculaire — auquel ils ont sacrifié tout le reste. »

31. Selon Minsky (cité dans *Les Vrais Penseurs de notre temps* de Guy Sorman, Fayard, 1989) : « Il n'y aurait pas d'opposition entre la matière

et l'esprit puisque c'est la matière qui produit l'esprit selon des lois qui restent à découvrir. » Pour compléter le cercle vicieux, il suffit d'ajouter : « La matière produit l'esprit qui produit les lois qui organisent la matière pour lui permettre de produire l'esprit... »

Chapitre 4

32. Dans *Anthropologie structurale*, Plon, 1968, Lévi-Strauss écrit : « L'inconscient est toujours vide ; ou plus exactement il est aussi étranger aux images que l'estomac aux aliments qui le traversent. »

Au sujet de son désaccord avec Jung, il dit (Fages) : « La preuve de l'insuffisance des approches jungiennes est que les mythes, en dépit de leur apparence créatrice, arbitraire, foisonnante, se ressemblent d'un bout à l'autre de la Terre. » Je n'ai toujours pas compris en quoi ceci prouve cela...

33. « Conscience du corps », *Cahiers jungiens de psychanalyse*, n° 55, 1987, p. 1.

34. J'ai eu la chance d'interviewer Françoise Dolto peu de temps avant sa mort. Son parcours et son travail la situaient exactement au carrefour qui m'intéressait. Thérapeute d'enfants, elle touchait continuellement à cette jonction de la relation maternelle où l'enfant s'engage ou ne s'engage pas dans « l'apprendre » et le « créer ». J'avais l'idée d'extraire de ces interviews des textes qui nous auraient menés un peu plus loin dans la recherche de l'origine de la pensée. En fait, de cette rencontre passionnante je n'ai jamais pu rien écrire. C'est plutôt à un spectacle que j'ai assisté. Nous étions dans le concret, dans les histoires de cas. Variations nombreuses sur un thème : rôle fondamental du corps, de la relation à la mère, de la parole, en tant que conditions essentielles au développement de la pensée.

Toutes ces recherches nous ramènent systématiquement à ce continent mystérieux que les psychanalystes nomment « inconscient », où l'esprit plonge dans le corps et duquel il émerge à condition qu'une mère attentive veille au chevet de l'enfant.

35. « La réalité est irréductible au langage. La considérer avec un certain effroi, mêlé d'orgueil comme matière en fusion et en fuite, magma existentiel, chaos permanent (et par définition indifférent au Logos). L'appréhender comme cela même qu'aucun mot juste ne parvient à équivaloir et qu'aucune littérature ne contient.

Tout écrivain digne de ce nom travaille dans l'illusion et l'intention mégalomane de cerner la réalité et ne réussit en fait qu'à préciser son rapport à elle et à prendre très exactement position. »

36. « Le concept winnicottien de phénomènes transitionnels est cru-

cial pour comprendre comment le monde interne est lié au monde extérieur ; l'objet transitionnel est cet objet du monde extérieur qui contient
ou inclut les contenus intrapsychiques ou les fantasmes. Les objets cul-
turels... sont compris comme des objets transitionnels partagés », Richard
Koenisberg, *Psychanalyse dans la civilisation*, n° 1, oct. 1989.

37. « Lorsque tout se passe bien, la mère a en elle les ressources qui
lui permettent d'éviter à son nourrisson les affres de la "terreur sans nom"
que provoque la séparation.

C'est à partir de bonnes expériences primaires que se mettra en place...
l'objet transitionnel (ours en peluche, couche, mouchoir). L'enfant normal
sera capable de considérer cet objet comme séparé de son corps, et...
ne fermera pas complètement la porte au "non-moi" », Frances Tustin,
Autisme et Psychose de l'enfant, Le Seuil, 1977, cité dans *Psychanalyse
dans la civilisation*, n° 1, oct. 1989.

38. Le physicien danois Niels Bohr établit un rapport assez semblable
entre le langage de la science et celui de la religion : « On pourrait dire,
en exagérant, qu'en religion on renonce, au départ, au désir de donner
un sens non équivoque aux mots, tandis qu'en science on commence avec
l'espoir — ou si vous préférez l'illusion — qu'un jour il sera possible
d'y arriver », cité dans *Physics and Beyond*, de Werner Heisenberg, *op.
cit.*

39. « Tous les chefs-d'œuvre des mathématiques et des sciences physiques naissent de notre indomptable besoin de reformuler le monde dans
nos esprits, dans une forme plus rationnelle que celle dans laquelle il y
est déposé par l'organisation primitive de notre expérience sensorielle »,
William James, *Lectures on Pragmatism*. Peut-être. Mais cela laisse entièrement ouverte la question de savoir pourquoi cette « reformulation »
est tellement plus efficace, tellement plus prédictive que la forme « primitive » déposée par notre expérience sensorielle.

40. Texte de Malebranche, cité dans *Physics and Beyond* de Werner
Heisenberg, *op. cit.* : « Les mêmes tendances qui sous-tendent l'ordre
visible du monde, l'existence des éléments chimiques et leurs propriétés,
la formation des cristaux, la création de la vie peuvent avoir également
été à l'œuvre dans la création de l'esprit humain. Ce sont ces tendances
qui font que les idées correspondent aux choses et qui assurent l'articu-
lation des concepts. Elles sont responsables de toutes les structures réel-
les qui se séparent en un facteur objectif — la chose — et un facteur
subjectif — l'idée — quand nous les regardons de notre point de vue
humain, quand nous y pensons. »

41. De l'idée de *chaos*, dans le sens employé ici, je pense qu'on peut
dire à peu près la même chose que de l'idée de *néant* par rapport à l'*être*.
Bergson écrit que : « le néant est une idée destructive d'elle-même, une
pseudo-idée, un simple mot ». Sartre écrit : « Ce n'est pas l'être qui sur-

git du fond du néant, c'est le néant qui n'est pensé — pour autant qu'il est pensé — que sur fond d'être. » Ces deux propositions me paraissent s'appliquer tout aussi bien au mot *chaos* par rapport au mot *organisation*.

42. « Il y a beaucoup plus de mystère qu'on ne le croit souvent dans le simple fait qu'un peu de science est possible », Louis de Broglie, *Le Continu et le Discontinu en physique moderne, op. cit.*, p. 81.

Chapitre 5

43. Dans cette analogie j'ai donné à « l'aujourd'hui » deux rôles différents : il est à la fois le *cygne, autrefois* emprisonné dans les glaces du déterminisme, et le *coup d'aile libérateur* de la théorie du chaos.

44. « Nous devons envisager l'état présent de l'univers comme l'effet de son état antérieur et comme la cause de celui qui va suivre. Une intelligence qui, pour un instant donné, connaîtrait toutes les forces dont la nature est animée, et la situation respective des êtres qui la composent, si d'ailleurs elle était assez vaste pour soumettre ces données à l'analyse, embrasserait dans la même formule les mouvements des plus grands corps de l'univers et des plus légers atomes : rien ne serait incertain pour elle et l'avenir comme le passé seraient présents à ses yeux. L'esprit humain offre dans la perfection qu'il a su donner à l'astronomie une faible esquisse de cette intelligence. Ses découvertes en mécanique et en géométrie, jointes à celle de la pesanteur universelle, l'ont mis à portée de comprendre dans les mêmes expressions analytiques les états présents et futurs du monde », *Essais philosophique sur les probabilités*, Paris, Gauthier-Villar, 1921, p. 3.

45. Einstein fut un des derniers irréductibles du pôle nécessité. La croyance en un déterminisme absolu influençait profondément toute sa vision du monde, dépassant largement la sphère de son activité professionnelle. A la mort de son ami Besso, il écrivit les lignes qui suivent : « Maintenant, bien qu'il ait quitté ce monde étrange un peu avant moi, ce n'est rien, parce que nous, qui croyons en la physique, *savons tous que la distinction entre le passé, le présent et le futur n'est qu'une illusion obstinément tenue* » (cité par Fang LiZhi dans *Creation of the Universe*, World Scientific, 1989, *La Naissance de l'Univers*, Interéditions, 1990).

Je trouve ce texte à la fois fascinant et profondément émouvant. J'ai du mal à imaginer qu'une telle croyance puisse être une source de consolation face à la mort d'un ami.

46. D'où viennent ces rayons cosmiques ? Les étoiles perdent continuellement de la matière dans l'espace. Une mince fraction des atomes éjectés de leurs surfaces est accélérée jusqu'à des énergies de milliards

d'électrons-volts. Les orages et les éruptions solaires s'accompagnent de l'injection de particules rapides dans le système planétaire.

Ces particules se propagent ensuite dans la galaxie. Sous l'effet des champs magnétiques interstellaires, elles changent continuellement de direction perdant ainsi la mémoire de leur lieu d'origine. Elles frappent les grains de poussières en provenance de toutes les directions possibles. Les impacts sont distribués au hasard.

47. Selon les relations d'incertitude d'Heisenberg, la possibilité de déterminer l'énergie d'un système est reliée à la durée temporelle pendant laquelle ce système sera considéré. Une durée temporelle de 10^{-43} secondes (temps de Planck) correspond à une indétermination en énergie de 10^{28} électrons-volts (énergie de Planck), (équivalant à l'énergie cinétique d'une balle de tennis lancée par un champion). A de telles énergies, les fluctuations quantiques du champ de gravité rendent impossibles toutes prédictions de l'avenir du système. En d'autres mots, il est physiquement impossible de donner l'heure avec une précision supérieure au temps de Planck. Il ne s'agit pas d'une limite technique liée seulement à la technologie contemporaine, mais d'une limite imposée par la nature (du moins telle que nous la connaissons aujourd'hui).

48. Des calculs récents par Jacques Laskar du Bureau des longitudes de Paris montrent qu'une incertitude de 15 mètres seulement, dans la mesure de la position de la Terre sur son orbite (une incertitude relative de 10^{-11} : une partie pour cent milliards) suffit à rendre impossible toute prédiction de la position orbitale de la Terre dans cent millions d'années. Ce même travail montre, à quelques approximations près, que les orbites des planètes Mercure, Vénus et la Terre sont chaotiques.

49. Il n'est pas toujours nécessaire de faire appel à un grand nombre de corps pour créer les conditions du chaos. Dans certains cas, il en faut très peu. La note précédente en fournit des exemples.

50. A ce nouveau chapitre il faut associer un ensemble de noms et des expressions imagées. A Edward Lorenz nous devons la découverte et le nom de l'effet « papillon » publié dans un article intitulé : « Est-ce que le mouvement des ailes d'un papillon au Brésil peut déclencher une tornade au Texas ? »

Il y a encore Feigelbaum et la « transformation du pâtissier », Mandelbrot et la géométrie fractale ; David Ruelle, E. Takens, Michel Hénon et les « attracteurs étranges ». Lire : *La Théorie du chaos*, de James Gleick, Albin Michel, 1989.

Il faut aussi mentionner le nom d'Ilya Prigogine en association avec les « structures dissipatives ». J'ai découvert avec quelque étonnement l'existence d'une vive controverse autour de son nom. Curieux de comprendre la situation, j'ai questionné personnellement un certain nombre de spécialistes.

La contestation ne porte pas sur la remise en cause du déterminisme absolu de la physique classique, mais plutôt sur la contribution véritable de l'école de Bruxelles à cette remise en cause.

On reconnaît généralement que les travaux de Prigogine sur la thermodynamique des processus irréversibles ont ouvert la voie vers cette nouvelle optique. Mais on ajoute qu'aux progrès décisifs de la théorie des systèmes dynamiques il faut surtout rattacher les noms cités auparavant (voir « Les ondes chimiques » de Christian Vidal, *La Recherche*, décembre 1989).

Dans leurs ouvrages conjoints, *La Nouvelle Alliance*, Gallimard, 1979, et *Entre le temps et l'Éternité*, Fayard, 1988, Prigogine et Isabelle Stengers ont fait connaître au grand public la résurrection du temps dans le monde de la science. Ces livres ont aujourd'hui une profonde influence sur les penseurs contemporains.

51. Le naturaliste Buffon, peu estimé de ses chers confrères physiciens, semble ici les avoir devancés. Dans son *Histoire naturelle*, il écrit en 1783 : « Tout s'opère parce que, à force de temps, tout se rencontre, et que dans la libre étendue des espaces et dans la succession des mouvements, toute matière est remuée, toute forme donnée, toute figure imprimée ; ainsi tout se rapproche ou s'éloigne, tout s'unit ou se fuit, tout se combine ou s'oppose, tout se produit ou se détruit par des forces relatives ou contraires qui seules sont constantes, et balançant sans se nuire, animent l'Univers et en font un théâtre de scènes toujours nouvelles et d'objets sans cesse renaissants » (*Histoire naturelle des minéraux*, 1783, tome 2, p. 107).

Chapitre 6

52. Pour plus de renseignements sur le rôle des photons dans l'entropie universelle, voir *L'Heure de s'enivrer*.

53. Dans un système physique où l'énergie de gravité domine les autres formes d'énergie (par exemple une étoile), *l'état isotherme n'est pas l'état de plus grande entropie*. La masse de gaz augmente son entropie en s'effondrant sur elle-même. Cet effondrement en accroît la température centrale, créant ainsi un écart de température de plus en plus marqué entre le centre et la surface. Par le *théorème du viriel*, on peut relier la quantité d'énergie gravitationnelle libérée sous forme de photons à l'accroissement de l'énergie interne de l'étoile, c'est-à-dire à l'augmentation de sa température interne. C'est grâce à cette propriété particulière de la force de gravité, que l'univers est sorti de son isothermie initiale, et que les énergies du cosmos sont devenues utilisables.

54. Il s'agit bien sûr d'une analogie d'ordre pédagogique. Cette phrase

n'implique pas, en particulier, que la science, en apprenant à parler ce langage, soit en mesure d'épuiser la réalité. Ce thème a fait l'objet du premier chapitre.

55. Après les travaux de Stephen Hawking, nous pensons aujourd'hui que les trous noirs ne sont pas vraiment noirs. Grâce à un effet quantique, ils ont un rayonnement thermique dont la température est inversement proportionnelle à leur masse. Ce rayonnement pourrait, dans un futur lointain, devenir la plus importante source d'information dans l'univers (voir *L'Heure de s'enivrer*).

56. On peut en voir de superbes réalisations dans les ouvrages de Claude Nuridsany et Marie Perennou, *Voir l'invisible* et *Photographier la nature*, Hachette.

57. Le facteur important ici, c'est *la stabilité des structures*. Les réactions entre les diverses particules tendent à favoriser les structures les plus stables. A mesure que l'univers se refroidit, la monotonie du paysage chaotique initial fait place à la grande variété des espèces atomiques et moléculaires. Leur formation a été guidée par le fait qu'elles sont plus stables que les constituants dont elles sont issues.

La physique nous apprend que si la quête de stabilité était poussée jusqu'à ses limites, l'univers replongerait à nouveau dans la monotonie. A haute température, l'état le plus stable est la purée de particules que révèle l'observation du lointain passé. A nos températures, l'état le plus stable est le fer. Si l'évolution de la matière cosmique avait été entièrement dominée par la quête de stabilité, notre univers ne contiendrait rien d'autre aujourd'hui que des atomes de fer. A la monotonie initiale des particules élémentaires, aurait succédé la monotonie du fer.

L'apparition de la variété des atomes et des molécules est due à l'activité des forces nucléaires et électromagnétiques cherchant à engendrer des structures de plus en plus stables. Cette aspiration a été freinée par l'instauration de régime de déséquilibres sans lesquels la diversité se serait transformée en une nouvelle monotonie.

Ces déséquilibres sont extraordinairement fertiles. Non contents de neutraliser la tendance naturelle des forces à la monotonie, ils ouvrent la porte au nouveau et à l'inédit. Sous leur férule, les résultats des interactions restent largement imprévisibles. Des structures déjà existantes (atomes, molécules) peuvent s'associer pour donner des êtres nouveaux, qui à leur tour peuvent se livrer au même jeu.

Chapitre 7

58. Un exemple simple illustrera le fait que le passage du moins probable au plus probable n'implique pas nécessairement qu'il y ait du nouveau.

Voici une séquence filmée dont, selon notre jeu, il faudra identifier le passage correct. On filme une partie de dés. Dans la première image, il y a deux dés sur la table. On fait la somme des chiffres indiqués. On lance les dés. On les retrouve sur la table. On fait de nouveau la somme.

Imaginons que la somme initiale soit de 2 et la somme finale de 7. Nous savons que le chiffre 2 ne peut être obtenu qu'a partir de 1 sur le premier dé et 1 un sur le second. Le chiffre 7 peut arriver de six façons différentes : $1+6$, $2+5$, $3+4$, $4+3$, $5+2$, $6+1$. La séquence de 2 à 7 est plus probable que la séquence de 7 à 2. La séquence vraie est probablement celle qui commence par 2 et se termine par 7.

Cette séquence nous montre que le passage de l'improbable au probable n'implique en rien qu'il y ait du nouveau. Les six états finaux étaient connus à l'avance. On savait que l'un d'entre eux allait être connu, mais on ne savait pas lequel.

59. Plus exactement, la goutte d'encre n'a pas plus de chance de se reformer à partir des données initiales issues du calcul précédent, qu'à partir de n'importe quel autre ensemble de données initiales choisies au hasard.

60. On peut être tenté d'objecter que la connaissance trop limitée des données initiales est une caractéristique de l'ordinateur et non de la goutte. Les molécules d'encre « connaissent » leurs positions et leurs vitesses. Elles sauront bien retrouver le chemin de la goutte, même si l'ordinateur ne le peut pas.

Disons d'abord que les ordinateurs se contrôlent plus facilement que les verres d'eau. Un bon ordinateur, mis en marche, peut compléter son calcul en toute sérénité, sans que s'y introduisent des perturbations supplémentaires. Les molécules dans le verre n'ont pas cette sécurité. La moindre secousse, un camion dans la rue voisine, un avion dans le ciel, même un courant d'air dans l'atmosphère de Neptune suffisent à créer une vibration infime, mais parfaitement suffisante pour brouiller les trajectoires. Les « papillons » ont toujours le dernier mot.

De surcroît rappelons que les molécules sont soumises aux indéterminations quantiques. Il y a une limite naturelle à la détermination simultanée de leurs positions et de leurs vitesses. Cette limite abolit la notion de trajectoire parfaitement définie, et suffit à éliminer tout espoir de reformer la goutte. On retrouve la situation de notre troisième horloge, limitée par le « temps de Planck ».

61. On admet aujourd'hui que les équations de la physique, aussi bien classique que quantique, sont réversibles par rapport au temps. Cela signifie que, si on remplace dans leur expression mathématique la variable « t » par « − t » (inversion de la direction du temps), cela ne change pas l'énoncé de leur équations. Ce qu'on a découvert c'est que cette invariance des *équations* par rapport au temps ne garantit pas l'invariance

211

des *solutions de ces équations* par rapport à l'inversion de la flèche du temps.

En d'autres mots, même si les équations nous donnent l'impression que le passé et le futur sont comme des images-miroirs l'un de l'autre, cette impression n'est pas confirmée par les solutions de ces équations, spécialement lorsqu'on les poursuit au-delà de leurs horizons prédictifs.

Cela repose la question : si sur des périodes courtes le passé ressemble à l'avenir, comment arrive-t-il à s'en distinguer sur des périodes prolongées ?

Prigogine a tenté de répondre à cette question en contestant l'invariance temporelle des équations elles-mêmes. Selon lui les équations traditionnelles de la physique quantique — invariantes par rapport à l'inversion du temps — pourraient être remplacées par un nouvel ensemble d'équations tout aussi valables mais qui ne soient pas invariantes par rapport à l'inversion du temps. Mais cela pour l'instant reste à prouver.

Dans ce chapitre j'ai essayé de montrer qu'en fait le passé et le futur sont différents à toutes les échelles de temps, courtes ou longues. J'ai repris cette question plus en détail en appendice.

62. Le fait que la table de billard ne soit pas située en plein air, en vue du ciel, n'altère pas fondamentalement cet argument. La construction qui l'abrite devient alors l'intermédiaire par lequel les photons infrarouges sont échangés avec l'univers.

63. La notion d'horizons prédictifs s'applique aussi bien aux régimes d'équilibres qu'aux régimes de déséquilibres. Mais leur effet « libérateur » est alors neutralisé.

Concentrons notre attention sur l'avenir d'un groupe de particules. La connaissance de leurs positions et de leurs vitesses à un moment donné nous permet de prévoir leur comportement pendant un certain temps dont la durée est donnée par l'horizon prédictif. La configuration qu'elles adopteront au-delà de cet horizon nous échappe.

Mais dans une situation d'équilibre les configurations se moyennent. Le résultat global est calculable à tout instant par une simple application des formules d'équilibre.

Chapitre 8

64. A l'automne 1989 un satellite, équipé de détecteurs appropriés, a été mis en orbite pour étudier, avec une précision accrue, les propriétés de ce fameux rayonnement fossile. Les premiers résultats ont stupéfié la communauté astronomique. Ce rayonnement correspond, avec une précision extraordinaire, aux attentes des théoriciens du Big Bang. Il confirme l'image d'un univers antique parfaitement désorganisé, parfaitement « thermalisé ».

65. J'utilise consciemment et volontairement un langage ambigu à propos de la nature et de l'être humain. Bien sûr, l'être humain ne peut pas être dissocié du contexte naturel dans lequel il s'inscrit. Il fait partie de la nature comme les pierres et les fauvettes. Mais on peut obtenir un éclairage sur la situation qui nous intéresse en le décollant provisoirement de cette gangue universelle. A condition de le réintégrer après coup. Ce thème reviendra au neuvième chapitre.

66. La question reste ouverte de savoir si ces nouveaux instruments deviendront les vecteurs d'émotions aussi intenses que celles véhiculées par l'orchestre classique. L'avenir et les créateurs répondront à cette question.

67. Le mot « cosmos » chez les Grecs désigne à la fois l'univers, l'ordre et la beauté de l'univers. De là notre mot « cosmétique » en français.

Chapitre 9

68. Dans *Timon d'Athènes* (acte IV, scène II), Shakespeare nous présente sa vision personnelle du monde animal. La coexistence pacifique et la paisible harmonie du paradis terrestre n'y semblent pas de mise. « Si tu étais le lion, le renard te duperait ; si tu étais agneau, le renard te mangerait ; si tu étais renard, le lion te suspecterait quand, par aventure, tu serais accusé par l'âne ; si tu étais âne, ta stupidité ferait ton tourment et tu ne vivrais que pour servir de déjeuner au loup, ta voracité te persécuterait, et souvent tu hasarderais ta vie pour ton dîner ; si tu étais licorne, l'orgueil et la colère te perdraient et feraient de toi-même la victime de ta furie ; ours, tu serais tué par le cheval ; cheval, tu serais saisi par le léopard ; léopard, tu serais proche parent du lion, et les marques mêmes de ta parenté conspireraient contre ta vie ; ton unique salut serait la fuite, la seule défense, l'absence. Quelle bête pourrais-tu être qui ne fût la proie d'une autre bête ? »

69. Cela dit, la réalité n'est peut-être pas si simple. A l'échelle de l'évolution biologique des espèces, nos observations portent sur des durées très courtes.

70. Le comportement social des termites nous a servi à illustrer le peu d'intérêt apparent de la nature pour les individus. La « loi de la termitière », axée entièrement sur le bien de la société, ignore la personne-termite. Aucune initiative ne lui sera permise. Elle sera impitoyablement sacrifiée quand le salut du groupe l'exigera.

Qu'en est-il de la société moderne à cet égard ? L'année 1984 a évoqué le souvenir du roman de George Orwell. Au cours des ans, cette date a pris une connotation fatidique, un vague relent de « fin du monde ». Elle est associée à l'image d'une « pétrification » de l'espèce humaine.

Une sorte de mort de l'humanité. Non pas au sens de *rigor mortis* mais en rapport avec ce qui nous fait vivre : la liberté, la créativité, la fantaisie.

Dans ma mémoire, le roman d'Orwell s'est combiné à *Brave New World* (Le meilleur des mondes) d'Aldous Huxley, pour décrire les images de notre plus grande menace : la termitière. Le spectre de l'État fort, impersonnel, armé des techniques de contrôle des individus. Les polices parallèles, les psychologues du lavage des cerveaux, les manipulateurs de la génétique s'y associent pour persuader chaque citoyen que « *Big Brother is watching you* » (Grand Frère vous a à l'œil) et que tout espoir de liberté est non seulement futile mais nocif.

Qu'en est-il de ces prédictions au début des années 90 ? Sur le plan international, heureusement, les sombres prédictions d'Orwell ne semblent pas justifiées. De nombreux pays européens et sud-américains ont rejeté leurs dictateurs. Huxley a mieux prévu. Le spectre de la termitière s'étend sur les démocraties elles-mêmes. Le nombre croissant de numéros, de cartes et de papiers requis pour avoir le *droit d'exister* donne la mesure du contrôle de l'État sur chaque personne. Sous le slogan « l'État vous veut du bien », chaque citoyen est invité à s'abriter sous ses ailes protectrices, à devenir un « assuré social » déresponsabilisé et infantilisé. Des décisions cruciales pour notre avenir sont souvent prises par des bureaucraties impersonnelles et incompétentes. Là encore, l'avenir de la créativité semble bien compromis.

C'est du côté des dissidents que je vois l'optimisme. Paraphrasant l'Évangile, on peut dire que « la crainte de l'État est le commencement de la sagesse ». Elle porte en elle la méfiance vis-à-vis de la centralisation. Elle privilégie les initiatives personnelles et l'éclosion des actions à petites échelles. « *Small is beautiful.* »

La solution à long terme, l'espoir de survie et de vie, ne peut venir que du développement personnel. Les États forts recrutent chez les individus sans personnalités, vulnérables à la propagande et à la puissance des images mythiques. C'est le mythe du « chef » (le « führer ») qui a précipité vers la boucherie des millions de jeunes hitlériens.

Mais la lutte sera longue. Les armes ne sont pas extérieures mais intérieures. A tous les niveaux, les éducateurs sont impliqués, non pas pour préparer les futurs pions de l'État mais pour amener la découverte du moi et de ses potentialités. Les citoyens libres et responsables sont notre meilleur rempart contre la termitière.

71. Tout au long de ces pages, nous avons parlé des rapports houleux entre l'*homme et la nature*. Il aurait été plus juste, peut-être, de parler des rapports entre l'*intelligence et la nature*. Sur notre planète, l'être humain a développé l'intelligence plus que toute autre espèce vivante. Ailleurs dans l'univers, la situation pourrait être différente.

L'intelligence détient la première place au palmarès des stratégies de survie. On peut penser qu'à ce titre elle ait pu se développer chez certaines espèces vivantes de la faune d' hypothétiques planètes habitées. Qui sait si, dans le cortège planétaire de l'étoile Bêta Pictoris, les hominiens ne sont pas les cobayes des cobayes ? Qui sait si, auprès de Capella, les rats ne les exhibent pas dans leurs cirques ambulants ? Si tel est le cas, on peut imaginer que ces espèces, arrivées à un niveau d'intelligence comparable ou supérieur au nôtre, soient confrontées à nos problèmes contemporains.

72. *Le Sexe et l'Innovation*, d'André Langaney, Le Seuil, coll. « Science ouverte », 1979 ; coll. « Points Sciences », 1987.

73. « De quoi se mêle-t-il ? Depuis quand les astrophysiciens se sentent-ils autorisés à donner leur opinion sur l'avortement ? » Je pense, personnellement, que ce problème est suffisamment important et suffisamment difficile pour que chacun s'y intéresse et donne son point de vue.

Chapitre 10

74. « Les vieux Dieux sont morts il y a longtemps. En vérité ce fut plutôt une bonne et joyeuse fin !

On raconte parfois qu'ils ont agonisé interminablement dans le crépuscule. C'est faux : ils ont littéralement ri jusqu'à en mourir !

Cela s'est passé quand Dieu lui-même prononça les mots les plus indignes d'un Dieu : "Il n'y a qu'un Dieu ! Tu n'auras pas d'autres Dieux devant moi !"

Ainsi s'oublia, un vieux Dieu barbu, un jaloux !

Alors tous les Dieux éclatèrent de rire et s'exclamèrent en secouant leurs chaises : "L'athéisme n'est-il pas justement qu'il y a des dieux, mais pas de Dieu ?" » Nietzsche : *Ainsi parlait Zarathustra*.

75. Dans *Par-delà le bien et le mal*, Nietzsche.

76. Pour une critique intelligente et mesurée de la sociobiologie, je recommande le livre *Darwin et les Grandes Énigmes de la vie* de Stephen Jay Gould, Le Seuil, coll. « Points Sciences », 1984. Gould reconnaît les apports positifs de cette discipline tout en débusquant ses prétentions excessives.

77. E.O. Wilson dans *The Nature of Man*.

78. Plusieurs croyants, de religions diverses, ont cherché à démontrer que leur enseignement traditionnel a devancé la recherche scientifique. Ces efforts impliquent toujours en corollaire que leur religion est la seule bonne, et qu'avant son avènement l'humanité vivait dans l'attente de la vérité libératrice...

Il y a ces années-ci un effort considérable dans le monde islamique pour démontrer que le Coran contient un bon nombre de vérités scientifiques, ultérieurement confirmées par la recherche moderne. En ce sens, Mahomet aurait été doublement prophète : prophète de Dieu, mais aussi prophète de la science.

J'ai eu récemment l'occasion de discuter cette question avec un intellectuel musulman d'Algérie. Cette rencontre a été pour moi très éclairante.

Je voulais surtout comprendre pourquoi cet homme instruit et cultivé accordait tant d'importance à une telle entreprise. « Les enseignements du Coran ont leur valeur propre même si Mahomet n'est pas le précurseur scientifique que vous voulez voir en lui, lui ai-je dit, pourquoi vous accrocher à cette cause difficilement défendable ? »

« Le Coran contient à la fois des affirmations religieuses, politiques et scientifiques. S'il dit vrai en science, le crédit supplémentaire qu'il en retire retombe sur les autres affirmations. »

Cette réponse me paraît refléter son doute face au message de sa religion. Il lui faut une double protection. Pour être vraiment crédible, le message de Mahomet doit contenir à la fois la sagesse et la vérité scientifique.

« Et si vous découvrez que le Coran contient des erreurs scientifiques, que ferez vous ? » « Impossible, m'a-t-il dit, le Coran ne peut pas se tromper, car c'est la parole de Dieu. » Je me suis demandé s'il était vraiment convaincu.

79. Je ne prétends pas, en écrivant ces lignes, ignorer les aspects négatifs des religions, tout au long de l'histoire de l'humanité. La création des institutions religieuses s'accompagne généralement d'une déformation du message. Il y introduit des éléments litigieux comme le goût du pouvoir.

80. Bertrand Russell, *Science et Religion*, Gallimard, 1971.

81. Dans *La Critique de la raison pure*.

Bibliographie

Careri Giorgio, *Order and Disorder in Matter*, Londres, Benjamin/Cummings (pour apprécier ce livre il faut au moins le niveau scientifique du baccalauréat).

Crescenzo Luciano, *Pythagore Superstar*, J.-C. Lattès, 1981.

Davies P.C.W., *The Cosmic Blueprint*, Cambridge University Press, 1989 (je recommande tout particulièrement ce livre).

Dolto Françoise, *Autoportrait d'une psychanalyste*, Le Seuil, 1989.

Gleick James, *La Théorie du chaos*, Albin Michel, 1988 (une bonne présentation de l'historique de cette théorie).

Gould Stephen Jay, *Darwin et les Grandes Énigmes de la vie*, Le Seuil, coll. « Points Sciences », 1984.

Humbert Elie, *Jung*, Éditions universitaires, 1983.

Kline Morris, *Mathematics : The Loss of Certainty*, Oxford University Press, 1981.

Margulis Lynn et Sagan Dorion, *L'Univers bactériel*, Albin Michel, 1989.

Ornstein Robert et Thompson Richard, *L'Incroyable Aventure du cerveau*, Interéditions, 1987.

Penrose, Roger, *L'Esprit, l'ordinateur et les lois de la physique*, Interéditions, 1992.

Prigogine Ilya et Stengers Isabelle, *Entre le temps et l'éternité*, Fayard, 1988 (les premiers chapitres sont faciles, plus loin les difficultés s'accumulent et les schémas n'aident guère).

Robin Jacques, *Changer d'ère*, Le Seuil, 1989.

Winnicott, D.W., *Jeu et Réalité*, Gallimard, 1975.

Conversations ordinaires, Gallimard, 1988.

Les Penseurs grecs avant Socrate, Flammarion, 1964.

IMPRESSION : MAURY-EUROLIVRES S.A. À MANCHECOURT (1-95)
DÉPÔT LÉGAL : SEPTEMBRE 1995 – N° 20625 (95/08/M7427)

Collection Points